# नट कुंडली

# नट कुंडली

वृहद भाव भरे, सूक्ष्म हाइकु

डॉ. आरती 'लोकेश'

NOTION PRESS

India. Singapore. Malaysia.

**Published by Notion Press 2026**

**ISBN 9798904314521**



Made with ❤ on the Notion Press Platform

www.notionpress.com

हिंदी के प्रणेता हाइकुकार

**डॉ. जगदीश 'व्योम' जी**

तथा

**जापान देश को समर्पित**

जिसने इस विधा को जन्म दिया

# कुंडली के घेरे का क्रम


- 'नट कुंडली' यानी शब्द-चित्रों में व्यक्त आरती की हाइकु-साधना.......ix
- प्रेरणादायक हाइकु : नट कुंडली.......xvi
- हाइकु – कविता-विधा का सबसे नाजुक पुष्प.......xix
- सूक्ष्म काव्य-परंपरा का अत्यंत सुसंस्कृत और परिपक्व प्रतिफल : 'नट कुंडली'.......xxii
- उगते सूर्य के देश की किरण.......xxv
- सिमिटि कूदि चढ़ि जाहिं.......xxxi

- 1.प्रभु आख्यान.......1

ग्रंथ हमारे.......2

श्रीराम व जानकी.......3

राधा-श्रीकृष्ण.......6

- 2.यू.ए.ई. शान.......7

देश-विशेष.......8

अमीरात / शहर.......17

ये अमीराती.......22

प्रवासी भाव.......25

- 3.प्रकृति भान.......27

मौसमी छटा.......28

आकाश व अनंत ........ 33

नदी-पहाड़ ........ 37

फ़्लोरा व फ़ौना ........ 41

❖ 4.जीवन मान ........ 47

बने हाइकु ........ 48

नीति-दर्शन ........ 50

कमाल तकनीक ........ 58

मानव मन ........ 63

छोटू त्योहार ........ 69

❖ 5.ज्ञान विज्ञान ........ 71

इतिहास-भूगोल ........ 72

अंक / ज्यामिति ........ 74

जैविक-जंतु ........ 76

ऊर्जा / प्रयोग ........ 78

❖ हाइकुकार ........ 81

# 'नट कुंडली' यानी शब्द-चित्रों में व्यक्त आरती की हाइकु-साधना

\- कमलेश भट्ट कमल

दुबई निवासी **डॉ. आरती 'लोकेश' गोयल** एक बहुआयामी रचनाकार हैं। उपन्यास, कहानी, कविता, यात्रा वृत्तांत, लघुकथा व कथेतर विधाओं में उनकी 25 पुस्तकें प्रकाशित हैं। अंतरराष्ट्रीय स्तर पर साहित्य की दुनिया में उनकी सक्रियता निरंतर बनी रहती है। **'नट कुंडली'** के माध्यम से वे हाइकु की दुनिया में भी प्रवेश कर रही है। वही हाइकु, जो दुनिया की सबसे संक्षिप्त कलेवर यानी 5-7-5 के वर्णक्रम वाली विधा है और जिसे दुनिया की तमाम भाषाओं-बोलियों में निरंतर लिखा जा रहा है। यू.ए.ई. में ही आरती लोकेश गोयल से पहले कुलभूषण व्यास, डॉ. नितिन उपाध्ये, डॉ. अनिल सक्सेना 'ज़ाहिर' हाइकु की दुनिया में हैं। निशा गिरि भी अब इसी राह पर चल चुकी हैं। श्री कुलभूषण व्यास, डॉ. नितिन उपाध्ये और डॉ. अनिल सक्सेना के तो हाइकु संग्रह भी प्रकाश में आ चुके हैं। स्वयं आरती लोकेश के अनुसार यू.ए.ई. की ही मीरा ठाकुर, स्नेहा देव भी पहले से हाइकु सृजन में रत हैं।

यू.ए.ई. ही नहीं, दुनिया के तमाम देशों में रहने वाले प्रवासी भारतीय रचनाकारों में जापानी मूल की विधा हाइकु को लेकर गहरी ललक देखने को मिलती है। ऐसे में आरती 'लोकेश' गोयल का 'नट कुंडली' के माध्यम से हाइकु की दुनिया में प्रवेश- इस विधा के प्रति प्रवासी रचनाकारों के गहरे आकर्षण का ही द्योतक है। अच्छी बात यह है कि आरती हाइकु की रचना-प्रक्रिया से परिचित ही नहीं हैं, बल्कि वे उसे 'कठिन तपस्या' भी मानती हैं। उनकी यह 'तपस्या' हाइकु कविता के उन्नायक और दिशावाहक प्रोफेसर सत्यभूषण वर्मा (1932-2005) के उस कथन की ही पुष्टि करती है जिसमें वे हाइकु को 'शब्दों की साधना' कहते थे। वे हाइकु को 'उगते सूर्य के देश की किरण' के रूप में भी रेखांकित करती हैं।

'नट कुंडली' में आरती के 321 हाइकु संग्रहीत हैं, जिन्हें उन्होंने अलग-अलग 5 खंडों व 25 उपखंडों में बाँट रखा है। पुस्तक का आरंभ वे राम और कृष्ण-कथा से जुड़ी हाइकु कविताओं से करती हैं और फिर अपनी देखी और अनुभव की हुई दुनिया में उतरती हैं।

आरती लोकेश के हाइकु प्रायः शब्द-चित्रों के रूप में हैं। वे देखे गए दृश्यों को शब्दों में बाँधने की कोशिश करती हैं, जिससे एक बिम्ब की सृष्टि होती है। जहाँ-जहाँ इन बिम्बों में नयापन आया है, एक अलग तरह की सौंदर्यानुभूति उत्पन्न हुई है।

संग्रह में 80 हाइकु अकेले यू.ए.ई. और दुबई पर केंद्रित हैं। यह मौजूदा दुनिया की निगाहों में निरंतर रहने वाले इस खूबसूरत देश के प्रति आरती लोकेश की आत्मीयता को प्रदर्शित करता है। वे चीजों को निरंतर देखती-निहारती रहती हैं और उससे तरह-तरह के हाइकु पाठकों को तक पहुँचा पाने में सफल हुई हैं। इस संदर्भ के कुछ हाइकु द्रष्टव्य हैं -

पछुआ हवा
रेत उठ सुनती
उसकी कथा

सुई चुभोता
शहर गगन में
रेत में उगा

तल के मोती
रेत पर चमके
कांत यू.ए.ई.

आँधी है तन
मिट्टी पुता वसन
कुछ न दिखे

श्वेत मस्जिद
ताक-झाँक करने
झुके सितारे

रेत के टिब्बे
भटकें यहाँ-वहाँ
ये भी बंजारे

आरती ने पूरे यू.ए.ई. के महत्वपूर्ण और सिग्नेचर केंद्रों को जिस तरह हाइकु कविता में बाँधा है, वह महत्वपूर्ण भी है और अर्थपूर्ण भी। इसे यू.ए.ई. की यात्रा कर चुके अथवा वहाँ रहने-जीने वाले लोग बेहतर अनुभव कर पाएँगे -

ज्यों सहिष्णुता
उगी चट्टान पर
बैप्स मंदिर

खरबों फूल
मिरेकल गार्डन

सोने-सी धूल

अनूठा मेल
आधुनिक प्राचीन
दुबई फ्रेम

ताड़ का पेड़
समुद्र में जा गिरा
पाम जुमैरा

फूलों का देश
अल-एन कहाता
सबको भाता

फ़्लेमिंगो बीच
उम-अल-कुवैन
बने हसीन

सात में एक
ओमान खाड़ी तट
बसा फुजैरा

लेकिन मातृभूमि से दूर रहते हुए प्रवासी मन में जब कभी देश के लिए हूक उठती है तो वे यह भी कह उठती हैं-

कोई न पढ़े
रेत पे लिखी पीड़ा
प्रवासी मन

प्रकृति में भी स्वभावतः कवयित्री आरती का मन खूब रमा है। ऐसी तमाम सारी छवियों को उन्होंने संग्रह में स्थान दिया है। प्रो. सत्यभूषण वर्मा कहते हैं कि जापानी हाइकु में प्रकृति को केंद्र में रखा गया है, लेकिन हाइकु प्रकृति-चित्रण भर नहीं है, बल्कि प्रकृति हाइकु का आलंबन है। प्रकृति को केंद्र में रखकर लिखे गए आरती के कुछ हाइकु विशेष मनोरम बन पड़े हैं-

धरा का जैसे
रिमझिम बूँदों से
हो आचमन

बेंच पे लेटी
बतियाती-सी हिम
नीरवता से

अंशु छड़ी से
सूर्य ने की धुनाई
मेघ छितरे

वर्षा की धार
भरे ताल ऊपर
कंचे खेलती

दूसरी तरफ आरती पर्यावरण असंतुलन से आहत भी होती दिखाई देती हैं और तब कुछ इस तरह के हाइकु रचती हैं-

तेज़ी से गिरा
गंदा शहरी नाला
नदियाँ चीखीं

पेड़ बचाओ
कागज बनाकर
खूब लिखा है !

स्त्री-मन को लेकर आरती लोकेश ने कुछ बेहतरीन हाइकु दिए हैं संग्रह में-

भर रही स्त्री
कीमती गहनों से
खाली मन को

मैं भी तो हूँ न?
क्या 'हम' में शामिल?
या बस तुम?

और अंत में आरती लोकेश की हाइकु में गति और संभावना को रेखांकित करते कुछ और हाइकु –

धावक राहें
कब ठहरती हैं?
मनुष्यों जैसी

सुख का पेड़
गरीब के घर उगा
जैसे खजूर

टूटा, बिखरा
फिर उठ के जुड़ा
फौलादी मन

हम देख पाते हैं कि 'नट कुंडली' में शब्दों से अर्थ की यह यात्रा हमें बार-बार काव्य-रस से भिगोती दिखाई देती है। वह हमें जगाती भी है, झिंझोड़ती भी है और हमारे सामने सवाल भी खड़े करती है। वस्तुतः यह आरती की 'तप्स्या' का पहला पायदान है। निश्चित रूप से आगे की पायदानों पर उनकी तपस्या से और भी भावपूर्ण व अर्थवान हाइकु सामने आएँगे।

आरती को इस पहले संग्रह के लिए हार्दिक शुभकामनाएँ!

**कमलेश भट्ट कमल**
प्रसिद्ध ग़ज़लकार एवं वरिष्ठ साहित्यकार
गौतमबुद्ध नगर, उत्तर प्रदेश
kamlesh59@gmail.com
6 अप्रैल 2026

# प्रेरणादायक हाइकु : नट कुंडली

\- कुलभूषण व्यास

मैं इस समय जापान की यात्रा पर हूँ। हाइकु का जुनून इस क़दर था कि मैं जब दूसरी बार यहाँ आया था तो मात्सुओ बाशो के गाँव हो आया जिन्हें हाइकु का जनक माना जाता है और अभी तीसरी बार आया हूँ तो मात्सूयामा शहर के शिकी के वृहद म्यूज़ियम को देख कर आया। शिकी ने हाइकु, ताँका वगैरह ता उम्र लिखे। यहाँ नौ सौ हाइकु के पोस्ट बॉक्स हैं जिनमें से प्रत्येक माह तीन पुरस्कार दिए जाते हैं।

भारत में हाइकु यूँ तो रवीन्द्र नाथ टैगोर जब १९१६ में जापान आए तो उन्होंने हाइकु लिखे परन्तु वे हाइकु शिशु अवस्था के हाइकु थे। फिर प्रोफ़ेसर सत्यभूषण वर्मा का नाम आता है सन् १९७४ में, जो जोधपुर विश्वविद्यालय के हिन्दी विभाग में जापानी भाषा पढ़ाया करते थे। हिंदी हाइकु की जन्म स्थली जोधपुर है और प्रो. सत्यभूषण वर्मा ने पहला हाइकु जापानी भाषा से हिंदी में अनुवादित किया था। उन्होंने हाइकु का बहुत प्रचार-प्रसार किया और उन्हीं ने बताया कि हाइकु 5-7-5 के क्रम में लिखा जाता है और प्रत्येक पंक्ति अपने आप में स्वतंत्र और पूर्ण होती है।

प्रो. वर्मा के ही शिष्यों में श्री कमलेश भट्ट 'कमल' उनसे जुड़े १९८५ में और फिर १९९० में कमलेश जी से जुड़े डॉ. जगदीश व्योम जी।

मेरा पहला हाइकु शारजाह में मुझे सिखाया पूर्णिमा वर्मन जी ने और फिर यह जुनून चढ़ा मुझे हाइकु का कि मैं तीन बार जापान आया केवल हाइकु विधा को सीखने के लिए। तब इस बात का एहसास हुआ कि हाइकु मात्र 5-7-5 में लिखी जाने वाली कविता नहीं है, हाइकु गहन साधना की अवस्था में प्रदर्शित 17 शब्दों में वह कथन है जो मन के भीतर छुपे तत्व को सार रूप में अभिव्यक्ति करता है। हाइकु मनुष्य की साधना का वह एक प्रतिफल है, जो शब्दों में पूरे ब्रह्मांड में गूँजता है।

भारतीय दृष्टिकोण से इस पंचतत्व शरीर से बाहर निकल कर आकाश में उस सप्तऋषि मण्डल तक जाना और पुनः इस पंचतत्व शरीर में लौट आना संभवतया 5-7-5 की संरचना लिए हुए है, जिसे हाइकु कहा गया है। ये आराध्य का एक होम है, ये उपासना का उच्चतम प्रतीक है और साधना का वह बिंदु है जहाँ बिम्ब एकदम स्पष्ट दृष्टिगत होता है। मात्सुओ बाशो ने तभी यह कहा था- *'जीवन में आप पाँच हाइकु लिख सकें तो आप हाइकुकार है और यदि आपने दस हाइकु लिख दिए तो महान हाइकुकार हो गए'।*

अब आते हैं डॉ. आरती 'लोकेश' गोयल के हाइकु संग्रह 'नट कुंडली' पर। इनके हाइकु प्रेरणादायक हैं और उत्साहवर्धक हैं। जैसे ये हाइकु-

रवि के धागे
क्षितिज पर बँधे
प्रेमी पृथ्वी से

और ये हाइकु भी देखें-

कर्म की डोर
थाम के चला चल
पाएगा छोर

मैं डॉ. आरती लोकेश जी को हार्दिक बधाई एवं शुभकामनाएँ प्रेषित करता हूँ कि आप के भीतर का कवि मन और प्रज्ज्वलित हो, समस्त साहित्य प्रेमियों के लिए आप नभ का वह सितारा बनें जो सदियों तक झिलमिलाता रहे।

**के. बी. व्यास**

सी. ई. ओ.
लोटस ब्लूम पब्लिकेशन
भारत एवं दुबई
10 अप्रैल 2026

# हाइकु – कविता-विधा का सबसे नाज़ुक पुष्प

मानव-मन के भावों को अभिव्यक्त करने के लिए कविता सर्वश्रेष्ठ माध्यम है, और वैश्विक परिदृश्य में हाइकु मुझे कविता का सबसे नाज़ुक रूप प्रतीत होता है। जापान से उद्भूत यह विधा आज समूचे विश्व में अत्यंत प्रेम से स्वीकारी जा चुकी है। भारत में इसका 5–7–5 वर्णों का विधान जितना सरल प्रतीत होता है कि विद्यालय का विद्यार्थी भी इसे लिख सकता है, उतना ही यह भाव-संप्रेषण की दृष्टि से अत्यंत कठिन भी है; यहाँ तक कि हिंदी के स्थापित कवि भी कभी-कभी इसमें पूर्ण सफल नहीं हो पाते।

मेरे विचार में एक उत्कृष्ट हाइकुकार बनने के लिए हिंदी भाषा की गहरी समझ, पर्यायवाची शब्दों का समृद्ध भंडार, भावों को सटीक शब्दों में ढालने की क्षमता, जीवन का व्यापक अनुभव तथा अपने परिवेश से एकाकार होने की संवेदनशीलता आवश्यक है। ये सभी विशेषताएँ डॉ. आरती लोकेश के व्यक्तित्व नें विद्यमान हैं। आपकी साहित्य-सेवा का परिचय तो आपके व्यक्तित्व से सहज ही प्राप्त हो जाता है। डॉ. आरती ने हाइकु-लेखन में निपुणता और परिपक्वता दोनों ही हासिल कर ली हैं।

आपके हाइकु विविध विषयों पर आधारित होते हैं तथा अर्थपूर्ण और समकालीन संवेदनाओं से परिपूर्ण हैं। इस संग्रह के कुछ हाइकु विशेष रूप से हृदयस्पर्शी हैं। संयुक्त अरब अमीरात की पृष्ठभूमि पर आधारित हाइकु **'ताड़ का पेड़ / समुद्र में जा गिरा / पाम जुमैरा'**- आधुनिक निर्माण को प्रकृति के बिंब से जोड़ता एक रोचक सृजन है। इसी क्रम में **'खरबों फूल / मिरेकल गार्डन / सोने-सी धूल'** दुबई के मिरेकल गार्डन की भव्यता और सौंदर्य का जीवंत चित्रण प्रस्तुत करता है। इन दोनों हाइकुओं में दृश्यात्मकता अत्यंत प्रभावी रूप से पाठक के सम्मुख साकार हो उठती है।

जीवन-दर्शन से जुड़े हाइकु **'जोड़ व घटा / जीवन के हिसाब / बड़ा-सा खाता'** जीवन को लेखा-जोखा मानकर गहरी दार्शनिक दृष्टि प्रस्तुत करता है, जबकि **'फूल व काँटे / सम अनुपात में / प्रकृति बाँटे'** सुख-दुःख के संतुलन के शाश्वत सत्य को सुंदर बिंब के माध्यम से व्यक्त करता है। एक अदृश्य, परम शक्ति की ओर संकेत करता हाइकु- **'कौन सींचता? / जड़ों को चाशनी से / मीठे हैं फल'**- पाठक को विनम्रता का बोध कराता है। वहीं, आस्था की आड़ में पाखंड पर तीखा व्यंग्य करता हाइकु **'मंदिर आए / भीड़ रूप धर के / बढ़ते पाप'** एक सशक्त सामाजिक टिप्पणी प्रस्तुत करता है।

अहंकार के परिणाम को दर्शाता **'घमंडी सिक्के / सिर चढ़ बोले तो / टूटी गुल्लक'** अत्यंत प्रभावी रूपक है। पर्यावरण विषयक हाइकु **'वृक्ष बचाने / गाँव-कस्बे पहुँचे / कुल्हाड़ी धारे'** कथनी और करनी के विरोधाभास को मार्मिक ढंग से उजागर करता है। वहीं **'छुप क्यों जाते? / दिन में सब तारे / क्यों डर जाते?'** बालसुलभ जिज्ञासा के माध्यम से प्रकृति का सरल रहस्य उद्घाटित करता है। **'गिरि के आँसू / धरा पर ले आई / पोंछ के नदी'** प्रकृति के मानवीकरण का अत्यंत भावुक उदाहरण है, जबकि **'शांत नदी भी / बंद मार्ग पाकर / झरना हुई'** बाधाओं को पार कर रूपांतरण की प्रेरक अभिव्यक्ति प्रस्तुत करता है।

समकालीन संदर्भ में **'कृत्रिम बुद्धि / कोख में लगी बोने / बुद्धि में बौने'** तकनीकी युग की विडंबना पर तीखा कटाक्ष है। **'प्रधान सारे / करें शांति का दावा / छिड़ी है जंग'** वैश्विक परिदृश्य की विसंगतियों को उजागर करता और **'हथौड़ा गला / तलवार में ढला / काटता गला'** हिंसा की प्रवृत्ति को सशक्त प्रतीकों में व्यक्त करता है।

**'बाध्य हो उठीं / सिकुड़ी अंतड़ियाँ / जूठन खाने'** भूख की भयावहता का अत्यंत मार्मिक चित्रण करता है, जबकि **'श्रमिक तम / भोर में घर छोड़ा / साँझ को लौटा'** श्रमिक जीवन की कठोर यथार्थता को सजीव रूप में प्रस्तुत करता है। स्मृति और संबंधों की कोमलता **'नई लगती / नानी माँ की जुबानी / कथा पुरानी'** में सहज झलकती है। इस संग्रह का मेरा अत्यंत प्रिय हाइकु **'मैं हाइकु-सी / तुम हो लघुकथा / नई है प्रीत'** प्रेम को साहित्यिक प्रतीकों के माध्यम से व्यक्त करने का एक सुंदर और मौलिक उदाहरण है।

यह हाइकु-संग्रह केवल पढ़ने का नहीं, बल्कि **अनुभव करने का साहित्य** है। मैं पाठकों से आग्रह करता हूँ कि वे इस कृति को एकाग्र मन से पढ़ें, ताकि प्रत्येक हाइकु की सूक्ष्मता और गहनता का पूरा आस्वाद लिया जा सके। डॉ. आरती लोकेश को इस उत्कृष्ट कृति के लिए हार्दिक बधाई एवं शुभकामनाएँ। मुझे पूर्ण विश्वास है कि यह पुस्तक साहित्य-जगत में अपना विशिष्ट स्थान बनाएगी और पाठकों के मन को समृद्ध करेगी।

**डॉ. नितीन उपाध्ये**

प्राध्यापक एवं साहित्यकार
दुबई (संयुक्त अरब अमीरात)
22 मार्च 2026

# सूक्ष्म काव्य-परंपरा का अत्यंत सुसंस्कृत और परिपक्व प्रतिफल : 'नट कुंडली'

हाइकु, अल्पाक्षर में अनंत भाव-संपदा का वह अनुशासित सौंदर्य है, जहाँ शब्द नहीं, संवेदनाएँ बोलती हैं। डॉ. आरती 'लोकेश' जी की कृति **'नट कुंडली'** इसी सूक्ष्म काव्य-परंपरा का अत्यंत सुसंस्कृत और परिपक्व प्रतिफल है। यह संग्रह मात्र हाइकुओं का संकलन नहीं, अपितु संवेदनाओं का एक सृजनात्मक विस्तार है।

कृति के विविध खंड- प्रभु आख्यान, यू.ए.ई. शान, प्रकृति भान, जीवन मान एवं ज्ञान-विज्ञान मिलकर जीवन के बहुरंगी आयामों को अत्यंत लाघवपूर्ण, किंतु प्रभावपूर्ण ढंग से उद्घाटित करते हैं। आध्यात्मिक अनुभूति की गहनता, प्रकृति के सौंदर्य की मृदुल झंकार, प्रवासी मन की सूक्ष्म वेदना तथा समकालीन यथार्थ की जटिल संवेदनाएँ सभी यहाँ सहज रूप में संप्रेषित हैं। विशेषतः मरुस्थलीय परिवेश में भारतीय सांस्कृतिक चेतना का स्पंदन इस कृति को एक सेतु-सदृश्य गरिमा प्रदान करता है।

डॉ. लोकेश की भाषा सरल और अर्थ-गर्भित है; उसमें निहित भाव पाठक के अंतर्मन में देर तक प्रतिध्वनित होते रहते हैं।

'नट कुंडली' परंपरा और आधुनिकता के समन्वय का सुंदर उदाहरण है, जो इसे समकालीनता से अनुप्राणित करते हुए भी कालातीतता की ओर प्रतिष्ठित करता है।

निस्संदेह यह कृति हाइकु-साहित्य को ऊँचाइयों तक ले जाएगी। इस उत्कृष्ट कृति के लिए आरती जी को हार्दिक शुभकामनाएँ!

**डॉ. अनिल सक्सेना, ज़ाहिर**
एम.डी., एफ.आर.सी.पी., एफ.ए.एस.एन.
(किडनी विशेषज्ञ एवं हाइकुकार)
दुबई, यू.ए.ई.
8 अप्रैल 2026

# उगते सूर्य के देश की किरण

'चैरी ब्लॉसम' और 'माऊंट फ़ूजी' के लिए प्रसिद्ध देश जापान उगते सूर्य की पहली किरण के लिए भी जाना जाता है। कभी मन सोचता है कि क्या यही कारण है कि यहाँ बहुत-कुछ ऐसा होता है जिस पर दुनियाभर के लोग ध्यान देते है। यहाँ के मनुष्यों की सभ्यता, जिसे हम उनकी रख-रखाव तथा सफ़ाई की आदत के रूप में भी जानते हैं, बहुत आकर्षित करती है। समय के प्रति उनकी सम्मान भावना और मितव्ययता, जिसमें एक मिनट भी वे बर्बाद नहीं करते, सचमुच हैरान करती है।

जब छोटी थी तो सुना था कि जापान में सात साल का बच्चा घड़ी बनाना जानता है। विश्वास नहीं होता था। तब से ही मन में जापान को जानने की और सच का पता लगाने की लालसा रहती थी। वह इंटरनेट का जमाना तो था नहीं कि घर बैटे सच्चाई की जाँच हो सके या फिर अतिरिक्त जानकारी मिल सके तो यह विचार मन-मस्तिष्क में बैकग्राऊंड में चलता रहा। कुछ वर्ष पूर्व जापान जाने की पूरी योजना बना के निरस्त करनी पड़ी। उसके कुछ अन्य हीं कारण रहे। खैर, जापान के प्रति आकर्षण की एक और वजह रही- पाठ्यक्रम में अपनी इतिहास की पुस्तक में दो शहरों हिरोशिमा नागासाकी के बारे में पढ़ा, वहाँ गिराए गए बम के विनाशकारी परिणामों के बारे में गहराई से जाना। ये शहर अपनी दृढ़ता, अटलता, गम्भीरता के बूते कैसे पलटकर अपनी मूल स्थिति से भी बेहतर बन उभर आए, पढ़कर मन श्रद्धा से भर उठता है।

यही जापान अपने विशिष्ट साहित्य तथा काव्य विधाओं के लिए भी इतना ही प्रसिद्ध है। हाइकु, तांका, रेंगा, सेनर्यू, हाइबुन, सेदोका, कतौता आदि आज दुनिया भर में जाने जाते हैं। हाइकु तो इतना प्रसिद्ध हुआ कि इसे बहुत-से देशों ने अपनाया और अपनी भाषा व लिपि के अनुरूप इसके स्वरूप को जापानी साम्यता के साथ प्रचारित किया। जापानी हाइकु के चार प्रमुख स्तंभ हैं-

मात्सुओ बाशो- (1644 - 1694 ई.)
तानिगुचि बुसोन- (1716 - 1784 ई.)
कोबायाशि इस्सा- (1763 - 1827 ई.)
मासाओका शिकि- (1867 - 1902 ई.)

प्रोफेसर श्री सत्यभूषण वर्मा के अनुसार भारत में 'हाइकु' का प्रयोग सर्वप्रथम गुरु रबींद्र नाथ ठाकुर ने किया। फिर अन्य भारतीय भाषाओं में भी हाइकु आया। हिंदी में डॉ. सच्चिदानंद हीरानंद वात्स्यायन अज्ञेय ने हाइकु की चर्चा की और अपने जापानी मित्र की मदद से बाशो के बहुत से हाइकुओं का हिंदी में अनुवाद किया। इसके बाद प्रोफेसर डॉ. सत्यभूषण वर्मा ने जापानी हाइकु कविताओं का जापानी भाषा से सीधे हिंदी में अनुवाद किया, यहीं से हाइकु कविता ने हिंदी की राह पकड़ ली।

प्रकृति की क्षणिक अनुभूति और जीवन के दर्शन को बहुत ही संक्षेप में व्यक्त करती हाइकु कविता मूल रूप यानी जापानी में 17 वर्णों (5+7+5) की तीन पंक्तियों में लिखे जाने के नियम का कठोरता से पालन करती है। हिंदी में यह विधा काफी लोकप्रिय हो चुकी है। हिंदी में हाइकु के प्रमुख कवि डॉ. जगदीश व्योम जी तथा श्री कमलेश भट्ट कमल जी हैं।

मेरा सौभाग्य है कि मेरा इन दोनों हाइकु गुरुओं से अच्छा परिचय है। डॉ. व्योम के एक हाइकु समूह में उनके मार्गदर्शन में हाइकु की कार्यशालाओं से ही मैंने हाइकु लिखना आरंभ किया। उनका कहना था कि हाइकु जितना आसान-सा दिखता है, उतना आसान नहीं है। एक हाइकु मस्तिष्क में आते ही उसे झट से लिखकर उसे अंतिम रूप देने की गलती नहीं करनी चाहिए। उस पर बार-बार विचार करना चाहिए। तब यह समझ आया कि हर एक हाइकु एक अनुसंधान जैसा है अर्थात् बार-बार निशाना लगाना; अभिव्यक्त भाव को व्यक्त करने के लिए चुने गए शब्दों का बार-बार निरखना, परखना और सुधार करना। डॉ. व्योम की इन कार्यशालाओं

से प्रेरित होकर मैंने अनेक हाइकु लिखे। यू.ए.ई. के अन्य कई रचनाकार भी इस विधा से जुड़े जिनमें से डॉ. नितीन उपाध्ये, श्रीमती मीरा ठाकुर, श्रीमती स्नेहा देव तथा डॉ. अनिल सक्सेना प्रमुख नाम हैं।

यू.ए.ई. में हाइकु के इतिहास में श्रीमती पूर्णिमा वर्मन जी पहले से 'शारजाह चौपाल' में हाइकु सिखा रही थीं। डॉ. जगदीश व्योम और शारजाह, यू.ए.ई. निवासी श्री कुलभूषण व्यास जी की हाइकु पुस्तकों से पढ़कर, समझकर, हाइकु की प्रकृति और प्रयोग जानकर, यू.ए.ई. के रचनाकार हाइकुकार बन रहे थे। तब से अब तक लगातार हाइकु लिखने वालों में श्रीमती मीरा ठाकुर एक प्रमुख नाम हैं। यू.ए.ई. से ही निकलने वाली पत्रिका 'अनुभूति' में वर्ष 2010 से उनके हाइकु प्रकाशित हो रहे हैं। फिर वे भी अन्य विधाओं में प्रवृत्त हुईं। डॉ. व्योम जी की कार्यशालाओं के माध्यम से वे पुन: हाइकु की दुनिया में आ गईं। इस प्रकार यह विधा यू.ए.ई. में 2010 से पनप रही है।

अगस्त 2022 में मैंने हाइकु सीखना शुरु किया और मुझे अच्छी प्रकार याद है वह पहली उपलब्धि जो मुझे 'हिंदी दिवस' 14 सितम्बर 2022 के ऐतिहासिक दिन मिली और मेरे कुछ हाइकु 'प्रवासी भारतीय हाइकुकारों के हाइकु' नामक मुख्य ब्लॉग में डॉ. व्योम जी द्वारा सम्मिलित किए गए। मेरा मन हाइकु में रमने लगा। जब एक-एक हाइकु घंटों दिमाग की कसरत करवाता तब यह पता चलता कि हाइकु रचना कैसी कठिन तपस्या है। यह सुनार की बारीक कारीगरी है, लुहार की बेधड़क हथौड़ागिरी नहीं।

व्याकरण के शब्द ज्ञान में 'समास' के समान ही 'संक्षिप्तीकरण' की क्रिया हाइकु रचने में बहुत महत्त्वपूर्ण है। मन में जगे विचार अथवा भाव को संक्षिप्त रूप में गणित के से जटिल फॉर्मूले लगाते हुए और कुम्हार के से गढ़े हुए साँचे में फिट बिठाते हुए प्रशिक्षक की सी कठोरता अपनानी पड़ती है। शब्दों के साथ संवेदना जोड़ने की बजाय, उनसे मोह त्याग के उन पर कैंची चलानी होती है तो एक हाइकु निखर के आता है। एक बार हाइकु लिखना सीख लेने के बाद हर एक क्षण कोई भाव मन में हाइकु का आकार ले रहा होता है। प्रत्यक्ष में प्रसंग, संदर्भ, दृश्य, वार्ता, विषय बदल भी जाएँ तो वह हाइकु दिमाग के चाक पर चढ़ा हुआ धीरे-धीरे आकार लेता रहता है। जब यह धीमी आँच पर पक कर सुनहरे रंग में ढल आता है तो मन वहीं अटक

जाता है जब तक वह हाइकु स्वयं को कागज़ पर लिखवा न ले। मेरी समझ से यही हाइकु की मुख्य विशेषता है।

एक बार 2022 में श्री कमलेश भट्ट कमल जी दुबई आए और एक फेस-टू-फेस हाइकु व गज़ल की कार्यशाला श्री कुलभूषण व्यास जी के गृह में हुई उसमें भी मेरे हाइकुओं को सराहना मिली तो बहुत हौंसला मिला।

तब से आज तक यह सीखने की प्रक्रिया जारी है। 'प्रवासी भारतीय हाइकुकार', इस ब्लॉग पर मेरे 20 से अधिक हाइकुओं को सम्मिलित किया गया है। इसके अतिरिक्त 'राम हाइकु पीयूष' में भी मेरे हाइकु शामिल हैं। मेरी कलम मुख्यत: गद्य को ललकती है तो हाइकु का लिखना वर्ष 2024 के उत्तरार्द्ध से शनै:-शनै: क्षीण रहा किंतु कभी-कभी कुछ परिपक्व हाइकु बन जाते थे तो उन्हें लिख लिया करती थी। इन हाइकुओं की संख्या जब 250 पार देखी तो पुस्तक रूप में लाने का मन हुआ। पुस्तक में समेटने का काम करते हुए भी गत 3 माह में कई हाइकु रचे गए।

कुल 321 हाइकु की इस पुस्तक को नाम देने की बारी आई तो अपने दो हाइकु ही काम आए। उनमें से ही रहीम दास जी के दोहे से प्रेरित एक हाइकु की पहली पंक्ति 'नट कुंडली' पुस्तक के नामकरण के लिए सर्वथा उपयुक्त प्रतीत हुई। इसके उपशीर्षक के लिए एक अन्य हाइकु की अन्य दो पंक्तियाँ बहुत सार्थक लगीं तो उनका भी उपयोग किया गया।

सबसे बड़ी समस्या थी इन हाइकुओं को संजोने की कि इन्हें किस क्रम में तथा किस प्रकार व्यवस्थित किया जाए। बहुत विचार कर मैंने इन्हें 5 श्रेणियों में विभाजित किया- प्रभु आख्यान, यू.ए.ई. शान, प्रकृति भान, जीवन मान, ज्ञान विज्ञान। हाइकु ही की तरह ये सब अपने-अपने अध्याय के शीर्षक भी हाइकु की पहली पंक्ति के नियम का पालन करते हैं अर्थात् 5-5 अक्षरों के हैं। इनमें समेटते हुए भी लगा कि ये मुख्य शीर्षक से सम्बद्ध होते हुए भी बहुत से विविध थीमों को लेकर रचे हुए हैं। तब इन्हें आगे प्रसंगानुसार विभाजित किया ताकि पाठक को एक विषय पर लिखे हाइकु एक स्थान पर पढ़ने को मिल जाएँ। इन उपशीर्षकों में भी 5 अथवा 7 अक्षर रखकर हाइकु की संरचना का निर्वाह व मान किया गया है।

जब इसके मुख्य आवरण के बारे में चर्चा शुरु हुई तो एक नट का चित्र तो मस्तिष्क में था ही, कुंडली को भी दर्शाने की इच्छा थी। साँप की कुँडली भी उसके आकार को छोटा दिखाते हुए उसकी वास्तविक शक्तियों का पता नहीं चलने देती, अत: कुंडली मारे साँप को भी चित्र में लिया गया। फिर अपने हाइकुओं पर पुन: दृष्टि डाली तो 321 में से 80 हाइकुओं में यू.ए.ई. की भौगोलिक, सांस्कृतिक, जलवायु संबंधी, विश्व कीर्तिमान स्थापित करती विशिष्टताओं ने अपनी जगह बनाई है इसलिए इस देश के राष्ट्रीय प्रतीकों को सम्मिलित करना आवश्यक लगा। इसी कारण आप मुख्य आवरण में राष्ट्रीय पक्षी 'बाज़', राष्ट्रीय पशु 'अरेबियन

ऑरिक्स', राष्ट्रीय वृक्ष 'ग़ाफ़', सर्वत्र और बहुतायत में पाया जाने वाला खजूर का पेड़, दो कूब वाला ऊँट, रेगिस्तान का वातावरण, कैक्टस का पौधा, तेज़ चमकता सूरज, आसमान तक धूल उड़ाती आँधी जैसा दृश्य देख पा रहे हैं। यही यू.ए.ई. मेरे हाइकुओं में भी प्रस्फुटित हो रहा है।

हाइकु की पुस्तक का विचार करने के पहले क्षण से ही यह तय कर लिया था कि यह पुस्तक हाइकु को इस मकाम तक पहुँचाने वाले प्रणेता और मेरे हाइकु गुरु डॉ. जगदीश व्योम जी को ही समर्पित की जाए। वे केवल मेरे ही गुरु नहीं हैं यू.ए.ई. के अन्य सभी हाइकुकारों के और अन्य सहस्रों हाइकुकारों के गुरु हैं।

पुस्तक आकार लेने लगी भूमिका के बारे में सोचा कि एक हाइकु सम्राट से बेहतर इसका महत्त्व और कौन जानेगा। आदरणीय श्री कमलेश भट्ट कमल जी से संपर्क किया और आग्रह स्वीकार हुआ। यू.ए.ई. के हाइकुकारों श्री कुलभूषण व्यास जी, डॉ. नितीन उपाध्ये तथा डॉ. अनिल सक्सेना के आशीष भी पुस्तक के शुभारंभ होने पर लिए गए।

अब ये पुस्तक रूप में 321 हाइकु कविताएँ इन महानुभावों के अनुमोदन के साथ आप सुधी पाठकों के अवलोकन और मूल्यांकन के लिए प्रस्तुत है। 'नट कुंडली' नाम से यह मेरी पहली हाइकु पुस्तक, पाँचवी काव्य पुस्तक तथा मेरी लेखन यात्रा की अब तक की 26वीं पुस्तक बनने जा रही है। आशा है इसे मेरी अन्य पुस्तकों के समान ही पाठकों का भरपूर स्नेह प्राप्त होगा।

आपकी अपनी

डॉ. आरती 'लोकेश'

20 मार्च 2026

# सिमिटि कूदि चढ़ि जाहिं

सुराही को टेढ़ा करने पर उसमें से दो-चार घूँट पानी ही निकलता है किंतु वह घड़े के पानी से अधिक ठंडा होता है क्योंकि सुराही का मुँह छोटा होता है। कम शब्दों में कहे गए हाइकु की भी यही शक्ति होती है। इसी विराट शक्ति को वर्णित करते हुए रहीमदास जी ने दोहा रचा था जिसकी दूसरी पंक्ति कहती है-

*ज्यों रहीम नट कुंडली, सिमिटि कूदि चढि जाहिं।।*

नतमस्तक हूँ हिंदी साहित्य के महागण्य कविवर रहीमदास जी के समक्ष जिनके दोहे के भाव से प्रेरित होकर कम शब्दों में लिखे हुए की अनन्य व अनंत भाव क्षमता का ज्ञान हुआ। इसी कारण 'नट कुंडली' इन दो शब्दों को मैंने पुस्तक के शीर्षक के रूप में चुना। इसी प्रकार हाइकु भी स्वयं के संक्षिप्त आकार में सिमटकर बड़े भावों का चुटकियों में बखान कर जाता है।

अपनी कर्मभूमि यू.ए.ई. को कलम में भरने में सदैव ही अतीव आनंद आता है। या कि कहूँ तो कलम हाथ आती है तो यू.ए.ई. स्याही बनकर मेरी लेखन में विस्तार पाता है। सौभाग्य रहा कि देश यू.ए.ई. में प्रवास करने से बहुत-से आकर्षक उद्दीपक मिले जिनसे हाइकु साकार हो सके। दो कूब वाले ऊँटों के लिए कई दिन मशक्कत करने के बाद मैं 'दुकुबड़े जमल' (पृष्ठ 13) जैसे हाइकु की रचना कर सकी। इस नए विशेषण की खोज पर मैं स्वयं बहुत आह्लादित हुई और डॉ. व्योम के उत्साहवर्धन से फूली न समाई।

माता-पिता एवं परिवार की सदैव ऋणी रहूँगी कि उन्होंने पढ़ने-लिखने योग्य बनाया और सदा ही मेरे लेखन को प्रेरित किया। ईश्वर का प्रथम उपकार कि ऐसे घर में जन्माया कि पढ़ाई-लिखाई की निस्सीम अहमियत जहाँ थी और साथ ही सर्वांग रूप में पैदा किया कि मेरी उँगलियाँ चॉक व बत्ती पकड़ लिखना सीख सकीं।

उपकृत हूँ आदरणीय गुरु डॉ. जगदीश व्योम जी की जिन्होंने हाइकु लिखने की शिक्षा दी व लिखे हुए हाइकुओं को एक शिक्षक की भाँति धैर्य से जाँचा और सुधार करने को प्रेरित किया। उनका अनुशासन हाइकु के अतिरिक्त भी बहुत कुछ सिखा गया।

सम्माननीय **डॉ. जगदीश व्योम** जी को यह पुस्तक समर्पित करने का कारण मात्र उनसे हाइकु सीखना ही नहीं है, उनके सरल-अनघ-उच्च व्यक्तित्व ने जो छाप छोड़ी है, वह प्रधान कारण है। उन्हें मैंने 'अनन्य' पत्रिका के कार्य के दौरान जाना। वे अनन्य के प्रधान सम्पादक हैं। अनन्य कई देशों से निकलती है और 'अनन्य यू.ए.ई.' की सम्पादक होने के नाते उनसे पत्रिका से संबंधी बहुत सी गूढ़ बातें सीखने को मिलीं। जब उन्होंने मुझसे पूछा- "हाइकु लिखती हो?" और मेरा जवाब- "हाँ" सुनते ही जैसे हमारे मध्य गुरु-शिष्य का नाता बन गया। उन्होंने मेरे हाइकु को कभी बदला नहीं, उनमें सुधार इंगित करते हुए स्वयं उसकी परख करने की दृष्टि प्रदान की। क्योंकि मैं शिक्षा क्षेत्र में हूँ तो जानती हूँ कि यही सर्वोत्तम प्रशिक्षण है। उनके द्वारा मिले उत्साहवर्धन से यू.ए.ई. से अन्य इच्छुक रचनाकारों को भी हाइकु की कार्यशाला में जोड़ा और आज वे सभी अच्छे हाइकुकार हैं।

सुप्रसिद्ध ग़ज़लकार, लोकप्रिय वरिष्ठ साहित्यकार एवं हाइकुकार आदरणीय श्री कमलेश भट्ट कमल जी ने इस पुस्तक की भूमिका के स्वरूप में आशीष प्रदान कर धन्य किया। जैसे एक्सटर्नल एक्ज़ामिनर के सामने अपनी शिक्षा का मूल्यांकन

करवाना हो तो ऐसे ही हाइकु सिद्धहस्त श्री कमलेश भट्ट 'कमल' जी के सम्मुख प्रत्यक्ष कार्यशाला में कुछ हाइकु सुनाए। उन पर मिली सराहना के लिए श्री 'कमल' जी के प्रति कृतज्ञ हूँ।

अनुगृहीत हूँ अपने साथी लेखकों द्वारा मिली प्रेरणा से जिनके साथ खेल-खेल में ही या कभी प्रतिस्पर्धा में इतने हाइकु रच लिए। प्रिय सखी मीरा ठाकुर, डॉ. नितीन उपाध्ये तथा स्नेहा देव इनमें प्रमुख हैं। स्नेहा जी के संचालन में हाइकु की आभासी रूप में हुई कार्यशाला का भी महत्त्वपूर्ण योगदान है। प्रेरणा स्वरूप यू.ए.ई. के रचनाकारों की हाइकु पुस्तकों की भी इस पुस्तक को प्रकाशन के लिए तैयार करने में महत्त्वपूर्ण भूमिका रही। श्री कुलभूषण व्यास जी का हाइकु संग्रह 'हाइकु-इंद्रधनुष', डॉ. नितीन उपाध्ये जी की हाइकु कविताओं की पुस्तक 'ग़ाफ़ के साये में', डॉ. अनिल सक्सेना 'ज़ाहिर' जी के दो हाइकु-संग्रह 'बोनसाई' तथा सद्यप्रकाशित 'प्रकृति की भूल' के बाद 'नट कुंडली' को यू.ए.ई. से पाँचवी हाइकु पुस्तक का दर्जा मिलने के लिए मन से यू.ए.ई. की आभारी हूँ।

डॉ. नितीन उपाध्ये जैसे मैकेनिकल इंजीनियरिंग के शिक्षक हैं, वैसे ही वर्णों और शब्दों के भी इंजीनियर हैं। उनमें अच्छे हाइकु रच लेने की विलक्षण प्रतिभा है। वे जिस भी विधा में हाथ डालते हैं, उसमें गहराई से उतरने की कौशल रखते हैं। 'दो शब्द' लिखने के मेरे आग्रह को उन्होंने सहर्ष स्वीकार किया और अपना शुभाशीष मुझे प्रदान किया।

श्री कुलभूषण व्यास जी ने 'नट कुंडली' के लिए उत्साहवर्धन करते हुए अत्यंत हर्ष प्रकट किया। जापान की यात्रा पर होते हुए भी उन्होंने मुझे अपने आशीर्वचन लिख मुझे कृतार्थ किया। यू.ए.ई. से पहले हाइकुकार होने का श्रेय उन्हें ही जाता है। यू.ए.ई. से हाइकु की पाँचवी पुस्तक आने के समाचार से वे बहुत प्रसन्न हुए। जल्द ही यू.ए.ई. से श्रीमती मीरा ठाकुर जी का हाइकु-संग्रह भी प्रकाश में आने वाला है।

एक और नाम लिए बिना यह आभारोक्ति अधूरी रहेगी; वह हैं डॉ. अनिल सक्सेना, जिन्होंने यू.ए.ई. के हाइकुकारों में हाइकु लिखना बाद में शुरु किया किंतु शीघ्र ही इस कला को साध लिया। इन्होंने मेरे कई हाइकु जमाने में खुले दिल से मदद की। डॉ. अनिल सक्सेना ने अपने आशीर्वचनों से मुझे व इस पुस्तक को मालामाल किया।

इन तीनों अग्रणी हाइकुकारों को हृदय की गहराइयों से धन्यवाद देती हूँ।

अहसानमंद हूँ अपने समस्त मित्रों व कार्यस्थल के सहयोगियों की कि उनसे सतत ऊर्जा और सम्बल मिलता रहा और लेखनी चलती रही। आपके आशीष से यह गति बनी रहे, यही कामना है।

आरती

# 1. प्रभु आख्यान

# ग्रंथ हमारे

हमारे ग्रंथ
नीति का उपदेश
जीने का मंत्र

कर्म ही लक्ष्य
फल आशा से च्युत
गीता संदेश

राम की कथा
रामायण में राम
हैं नारायण

महाभारत
नष्ट धर्म विरुद्ध
न मात्र युद्ध

# श्रीराम व जानकी

सुनो जानकी
धरा त्राण वर दो
स्त्री की आन की

साध्वी त्रिजटा
सीता रक्षार्थ रत
न थी राक्षसी

श्रुतिकीर्ति-सी
निकट भी दूर भी
अश्रुत हासी

त्यागी उर्मिला
लक्ष्मण की ब्याहता
वियोग मिला

मांडवी प्रणी
भरत तपोव्रती
धर्मानुगामी

भूमिजा माते
पृथ्वी को पुकारती
गर्भ समाती

तेज तुम्हारा
तृण सतीत्व रक्षा
रावण हारा

वन भटकीं
पतिव्रता जानकी
छोड़े महल

अग्नि परीक्षा
माता तुमने दी क्यों?
हत स्त्री ईक्षा

राम का राज्य

राज हित आदर्श

सुखी जनता

पत्थर डूबे

जिन्हें राम ने छोड़ा

डूबना ही था

# राधा-श्रीकृष्ण

साँझ सकारे
कान्हा की वंशी बजे
राधा पुकारे

राधा रुक्मिणि
प्रिय की प्रियतमा
प्रेम बावरी

कृष्ण उदार
चने के बदले में
दें तीनों लोक

सुदामा मित्र
राजा व रंक मध्य
अद्भुत चित्र

# 2. यू.ए.ई. शान

# देश-विशेष

अरबी खाड़ी
खींच पानी भीतर
बनाई क्रीक

पीला था सोना
तेल कुँए में डूब
है काला सोना

तल के मोती
रेत पर चमके
कांत यू.ए.ई.

उँगली घी में
तेल भंडार भरे
अरबी खाड़ी

खाड़ी का सेतु
फैला विश्व व्यापार
होर्मुज़ स्ट्रेट

तलैया जैसी
फ़ारस खाड़ी तट
सात पड़ोसी

हज की यात्रा
जिम्मेदारी हों पूरी
तभी कबूल

आत्म संयम
कठिन है तपस्या
गर्मी में रोज़ा

दो वक्त मिले
मीनारों से गूँजती
मीठी अज़ान

खोल लें रोज़ा

इफ़्तारी का समय

तोप बताती

चाँद रिसता

सेवैयों के कटोरे

मीठी है ईद

इफ़्तार भोज

मजलिस रौनक

खुश नमाज़ी

पछुआ हवा
रेत उठ सुनती
उसकी कथा

आँधी है तन
मिट्टी पुता वसन
कुछ न दिखे

मरु में पानी
रेत पे पड़ी धूप
दृष्टि का भ्रम

तारों का जाल
गिर फँसे खम्भों पे
रोशन राहें

सितारा मढ़ी
यू.ए.ई. की दमक
सभी को खींचे

एक दूजे के
तुराब*[1] अशजार*[2]
दोनों ही प्यासे

झरें खजूर
उर्वर रेत बने
कोमल दरी

गर्म लू भाए
जल्दी फल उगाए
पेड़ खजूर

ग़ाफ़*[3] की छाँव
थका राही जो रुके
मुस्काई धूप

---

[1] अरबी भाषा में मिट्टी को 'तुराब' कहते हैं।

[2] एक पेड़ अरबी भाषा में 'अलशज़र' कहलाता है।

[3] खेजड़ी के वृक्ष को अरबी में ग़ाफ़ कहते हैं जो यू.ए.ई. का राष्ट्रीय वृक्ष भी है।

हार मान के
पैरों में गिरा साया
तेज़ धूप से

बाज़ का खेल
बच्चे बजाते ताली
छिंना निवाला

ठुमकें, दौड़ें
दुकुबड़े*[4] जमल*[5]
दिशा दिखाएँ

ऊँटों की दौड़
दृष्टि रेत में धँसी
मरु का पोत

---

[4] दो कूब वाले
[5] अरबी भाषा में ऊँट को 'जमल' कहते हैं।

ज्यों मृग सींग
अरबी ऑरिक्स हैं
रेत के दूत

श्वेत दूत ज्यों
छिपे लुप्त ऑरिक्स
यू.ए.ई. देश

प्रीतम हूपू
प्रतिद्वंदी भगाए
आँख फोड़ दे

श्वेत मारिया*[6]
खेलें संग शावक
सींग मार के

---

[6] 'मारिया' अंग्रेज़ी में 'अरेबियन ऑरिक्स' कहलाता है। यह हिरन की प्रजाति का है। यह मृग दुनिया-भर से विलुप्त हो चुका। अब केवल यू.ए.ई. में ही जीवित बचा हुआ है।

साँझ निकले

पंछी घर की ओर

लोग घर से

सूखे खेजड़ी

प्यासे को पानी देते

नमी पी-पी के

घने दमस*[7]

गृह-नींव डिगा दें

जड़ों के जाले

द्विकाजी काँटे

पनिहारिन बनें

कीट से रक्षा

---

[7] दमस का पेड़ तेजी से बढ़ने वाला सदाबहार पेड़ है जो 50 फीट तक ऊँचा हो जाता है। यह सूखा, गर्मी और खारेपन को सहन करने की अत्यधिक क्षमता के कारण यू.ए.ई. के शुष्क क्षेत्रों में छाया और परिदृश्य के लिए लगाया जाता है। यह पानी की तलाश में अपनी जड़ें दूर-दूर तक फैला देता है। यह कच्छ वनस्पति (मैंग्रोव) में भी शामिल है।

कँटीले हरे
जीवन रस भरे
खड़े कैक्टस

ग़ाफ़ लटें ज्यों
झब्बे कुकुरमुत्ते
साध्वी जटाएँ

साथी का काम
परछाईं को सौंप
डूबे सूरज

लहरें गाएँ
पत्थरों से टकरा
मधुर गीत

# अमीरात / शहर

दुबई साख
तड़के वाली दाल
लगती मिर्ची

रेतीली धरा
चमकाती दुबई
खजूरी छाँव

ऊँची बिल्डिंग
रेगिस्तान के बीच
फैली है आभा

रात रोशनी
शीशे जैसे टावर
जागे शहर

सुई चुभोता

शहर गगन में

रेत में उगा

ऊँचा है बुर्ज

दुगुना भू में गढ़ा

गर्व से खड़ा

विश्व प्रसिद्धि

गगन को जा चूमे

बुर्ज ख़लीफ़ा

श्वेत मस्जिद

ताक-झाँक करने

झुके सितारे

ज्यों सहिष्णुता

उगी चट्टान पर

बैप्स मंदिर

विकास दौड़े

इत्तिहाद रेल-वे

सबसे आगे

पाटल-पत्ती

हरी-लाल लाइन

दुबई मैट्रो

खरबों फूल

मिरेकल गार्डन

सोने-सी धूल

अनूठा मेल

आधुनिक प्राचीन

दुबई फ्रेम

ताड़ का पेड़

समुद्र में जा गिरा

पाम जुमैरा

स्नान को धूप

दुबई तट आती

बारहों मास

फूलों का देश

अल-एन कहाता

सबको भाता

ले परम्परा

शारजाही संस्कृति

हर चौराहे

जबल*[8] 'जैस'

रस-अल-खैमाह

देश में ऊँचा

सात में एक

ओमान खाड़ी तट

बसा फुजैरा

विकास क्रम

पहुँचा अजमान

धीमी चाल से

शिक्षा क्षेत्र में

शारजाह शहर

आगे ही भागे

फ़्लेमिंगो बीच

उम-अल-कुवैन

बने हसीन

[8] पहाड़ को अरबी में 'जबल' कहते हैं।

# ये अमीराती

हथौड़ा मार

किस्मत बदल दी

कील ठोंकते

मोती गढ़ते

दिया देश सँवार

देते आकार

बनाते थे धो

वे मेहनती हाथ

चलाते यॉट

जाल था फेंका
फँसने लगे मोती
फेंका है जाल

भाग्य के मोती
मछेरे के जाल में
लाए खज़ाना

रेत के टिब्बे
भटकें यहाँ-वहाँ
ये भी बंजारे

मीलों चलते
ढूँढते चारा-पानी
ऊँट-बंजारे

रात गुजारें
ठंडी रेत का फर्श
मस्त बंजारे

न ईर्ष्या-द्वेष
ठहाके कहकहे
मन के देश

नाजुक रेत
ऊँट हौले से चलें
शांत बंजारे

पत्नियाँ चार
अमीराती को प्यारा
पालतू ऊँट

शाम को घुला
कहवा के प्याले में
शीशे का धुआँ

# प्रवासी भाव

प्रेम भाव से

संस्कृतियाँ मिलीं हैं

यू.ए.ई. भूमि

दो सौ देशों से

आते हैं रहवासी

यू.ए.ई. वासी

कोई न पढ़े

रेत पे लिखी पीड़ा

प्रवासी मन

लाखों प्रवासी

दिल से अपनाएँ

आश्रय पाएँ

दिल जीत लें
हाथ जोड़े अरबी
कह 'नमस्ते'

बौना पीपल
विदेश में संस्कृति
जड़ें जमाए

नन्हा भारत
परमाटी बोया था
फूटे पल्लव

प्रवासी पंछी
यू.ए.ई. धूप भाए
शीत भगाए

छोटू भारत
मिट्टी साथ लाकर
यू.ए.ई. बसा

# 3. प्रकृति भान

# मौसमी छटा

बर्फ की शॉल
मौसम है सर्दी का
ओढ़े है धरा।

शुभ्र चादर
ओढ़ मही ढकती
जग का मैल

बैंच पे लेटी
बतियाती-सी हिम
नीरवता से

ठूँठ कूटते
नमक की डलियाँ
मूसल बने

आग का शोला
ठंड में जम बना
चुस्की का गोला

ठंडा मौसम
मनुष्य है बाहर
पशु भीतर

हवा लपेट
कोहरे की चादर
ढक दे पेड़

कोहरा ओढ़े
सरपट दौड़तीं
कहाँ सड़कें?

पड़ी फुहार
पत्तों का अभिषेक
पहली बूँद

धरा का जैसे

रिमझिम बूँदों से

हो आचमन

भाव जगातीं

माटी के तन बूँदे

देतीं सुवास

वर्षा की धार

भरे ताल ऊपर

कंचे खेलती

बरसा पानी

स्वागत में हुई भू

हरा कालीन

रसीली हवा

वर्षा में भीग आती

तृप्त करती

श्वेत पत्र है
लेन-देन का खाता
भाप व वर्षा

हया की लाली
छा गई गालों पर
भोर दुल्हन

स्नाता प्रकृति
गले भोर की माला
ओस से मोती

साँझ सुंदरी
उँडेले घट स्वर्ण
बटोरे कश्ती

सूर्य की बिन्दी
तरिणी सुहागिन
संध्या सिंदूरी

श्रमिक तम
भोर में घर छोड़ा
साँझ को लौटा

पौ सायरन
अँधेरे चोर भागे
रश्मि पुलिस

हवा निगोड़ी
ले उड़ी बादल को
दे गई गर्मी

ग्रीष्मा सुखाए
पादप झुलसाए
अग्नि सम लू

उखाड़े पेड़
क्रोधी आँधी-तूफ़ान
घास से प्रेम

# आकाश व अनंत

सूर्य पिता के
पीछे घूमे नौ ग्रह
लें जेबखर्च

मालिक सूर्य
देता काम से छुट्टी
रविवार को

आठ दोस्त थे
छ: ग्रह बने दिन
दो हुए शत्रु

सूर्य से रश्मि
उधार माँगे पृथ्वी
बेटा रोशन

पुत्र चाँद क्यों
घटे-बढ़े, सताए
माता पृथ्वी को?

अनंत नभ
अनगिनत तारे
सबको प्यारे

मन के दीप
नभ को दमकाए
बन के तारे

तारे नभ के
चुरा ले गया चाँद
कोष से हीरे

टूटे मन को
आहत कर जाता
टूटता तारा

उनींदी धूप
आँख मिचमिचाए
मेघों को ताके

गगन गिरा
वृक्षों पे टूटे मेघ
धुंध की आड़

अंशु छड़ी से
सूर्य ने की धुनाई
मेघ छितरे

ठिठुरा सूर्य
सिकुड़ा रश्मि खेस
माँगे अँगीठी

सावन छटा
बादल के हिंडोले
चाँदनी झूले

गिरता पारा
सूर्य पर फैल के
हो गया चाँद

रवि के धागे
क्षितिज पर बँधे
प्रेमी पृथ्वी से

रश्मि का जाल
स्वेटर बनकर
ठंड भगाए

मेघ काफ़िले
बढ़े क्षितिज पर
भूमि थर्राए

# नदी-पहाड़

पहाड़ी नदी
अनछुई सुधा-सी
पावन रूप

गिरि के आँसू
धरा पर ले आईं
पोंछ के नदी

शांत नदी भी
बंद मार्ग पाकर
झरना हुई

दर्पण नदी
नभ का प्रतिबिम्ब
नाव-से दृग

पुल सलाई

नभ भूमि दो पल्ले

पानी के फंदे

जल प्रपात

बँधे तो दे बिजली

बहे तो वन

तेज़ी से गिरा

गंदा शहरी नाला

नदियाँ चीखीं

ठोकरें खाता

पानी पड़ा आलसी

गंजा पत्थर

रोज़ नहाता

कमसिन पत्थर

झरने तले

तोड़ के बाँध
नदी राह भटकी
आँखों से बही

संन्यासी काशी
सूरज गाड़े दंड
विश्रांत उर्मि

गंगा की गोद
समाधिस्थ सूरज
अटल शांति

काशी आकाश
चपल नदी झूमी
नाव थिरकी

अपनी धरा
पुन: छीन ले सिंधु
जल प्रलय

पर्वत त्यागे
क्यों घर छोड़े नदी?
सिंधु स्वीकारे

छाती चीरते
पोत को दंड देते
हिम के खंड

जल में नौका
नौका जलनिमग्न
हिमशिलाएँ

सीने में धँसे
मूसल जैसे तने
गिरि के पेड़

# फ़्लोरा व फ़ौना

कौन सींचता?

जड़ों को चाशनी से

मीठे हैं फल

नदी की सीमा

पेड़-पौधे बाँधते

किनारे खड़े

झरते फूल

करें धरा शृंगार

बोगन्वेलिया

नन्हीं कलियाँ

सुंदर पंखुड़ियाँ

कोख में पालें

झरती शाखें
टोकरी की गोद में
बटोरें फल

वृक्ष बाँसुरी
कर्णप्रिय संगीत
हवा सुनाती

वृक्ष झरोखे
हवा हटाए पर्दे
निसर्ग झाँके

पेड़ बचाओ
कागज बनाकर
खूब लिखा है!

माँ भू हर्षाई
प्रकृति दे बधाई
अंकुर फूटे

माली ही जाने
कब पौधे हैं प्यासे?
या मिट्टी प्यासी

पत्तों की धार
काट देती उँगली
रक्षा के शस्त्र

पर कतरे
जंगली थी झाड़ियाँ
हुईं शहरी

असभ्य झाड़ी
कैंची से जा उलझी
बनी शालीन

सूखे को जल
धरती को बीज दो
जले को छाया

फलों का व्यर्थ

सब्जियों के छिलके

भूमि के अर्थ

नया घोंसला

जन्मे नन्हे-से अंडे

व नए शत्रु

झुंड में पक्षी

लाँघ जाते सागर

एक होकर

इंजन मुर्गी

डिब्बे सम पीछे

चलते चूजे

पानी में तैरें

उद्वेलित बतखें

शांत लहरें

बंदी रहूँ मैं
या स्वतंत्रता माँगूँ
देहरी बैठी

कैद में पली
सुरक्षा है खाना है
प्रतीक्षा भी है

वायु दूषित
साँस रुक उखड़े
पक्षी विलुप्त

रात्रि के जंतु
आवश्यक अँधेरा
चौंध घटाओ

# 4. जीवन मान

# बने हाइकु

**नट कुंडली**

निष्कर्ष- काम बड़ा

छल आकार

17 अक्षर

**वृहद भाव भरे**

**नन्हे हाइकु**

लक्ष्य भेदती

सूक्ष्मतम कविता

हाइकु वही

मैं हाइकु-सी

तुम हो लघुकथा

नई है प्रीत

रूपक रचे

जो कहे, पूरा खुले

हाइकु बने

सुई-सा काम

न तलवार थाम

सधे हाइकु

ज्यों बोनसाई

सभी अंग के साथ

हाइकु पूरा

फलों से लदे

मिनिएचर बाग

हाइकु वृक्ष

# नीति-दर्शन

संस्कृति वही
संस्कारों में झलकी
चाहे न लिखी

दो पल्लों में
कर्म-अकर्मण्यता
कौन-सा भारी?

तराजू चढ़ा
पुण्य-पाप है तोला
हो संतुलन

शून्य से शून्य
जुड़ गई रेखाएँ
मध्य जीवन

मन संकल्प

निज श्रम कमाई

मान न अल्प

मायावी मृग

प्राण त्याग अकेले

छूटा है जग

कर्म रथ ले

सबके साथ चल

पा लेगा लक्ष्य

भू व्योम एकं

ध्यान-तप-चेष्टैव

प्राप्यते शिक्षा

माया या मोह

जग छूट गया तो

क्या ऊहापोह?

कर्म की डोर
थाम के चला चल
पाएगा छोर

मन संतोष
साधन उपलब्ध
देंगे वे तोष

शीत व ताप
एकत्र जो उर में
तभी संताप

धावक राहें
कब ठहरती हैं?
मनुष्यों जैसी

तान छेड़ते
पटरी पे पहिए
दौड़ती ट्रेन

जीते या हारे
युद्ध की विभीषिका
मासूम मारे

प्रधान सारे
करें शांति का दावा
छिड़ी है जंग

देस को छोड़ा
परदेस ने त्यागा
युद्ध है जारी

कोई न बचे
द्वंद्वी या प्रतिद्वंद्वी
हारे मानव

हथौड़ा गला
तलवार में ढला
काटता गला

कुंचित केश
सौंदर्य की आड़ में
ताज जकड़े

विनाश त्याग
निर्माण को ही उठे
छैनी हथौड़ा

फूल व काँटे
सम अनुपात में
प्रकृति बाँटे

अन्य हित है
मृग कभी न पाए
निज कस्तूरी

मृग की तृष्णा
भ्रम नखलिस्तान
मिले रेत ही

धूर्त किरणें
मृग मरीचिकाएँ
प्यासा हिरण

नया चलन
मोटे अन्न के हुए
मोटे नखरे

ऐनक भाँति
नाक-कान सहारा
नेत्रहीन का

क्यों स्वप्न सजे?
पलक बंद हुईं
अँधेरे भरे

आँखों की जेल
पपोट-द्वार खोले
भगोड़ी नींद

सख्त बिछौना

श्रम कर पकड़ा

निष्ठुर नींद

पानी से ज्वर

पानी-पट्टी ही माथ

घटाए ताप

लाए ज़मीं पर

ऊँचे अकड़े दम्भ

बन भूकंप

गगनचुंबी

नभ हाथ न आता

झूठे पत्थर

संबंध आज

कसरत मन की

लाभ या हानि

नदी की धारा
संयुक्त परिवार
सिंधु में मिली

गिट्टे उछले
बकरी-शेर बैठे
एक माँद में

भूख ने कोसा
जिन्हें पीकर पानी
बाढ़ में बहे

पीर, पीर-सी
कुछ शक्ति दे जाती
जब भी आती

चीखती आँखें
झूठ के पक्ष रहीं
मौन स्वीकार

# कमाल तकनीक

कृत्रिम बुद्धि
कोख में लगी बोने
बुद्धि में बौने

हाथ के चूहे
बिल में रख आए
पैन-पेंसिलें

कपोत लाए
विकास का संदेश
ईमेल बन

लूट लीं सारी
तकनीक ने आ के
ये नौकरियाँ

अदृश्य गोंद
चिपक गईं आँखें
स्क्रीन के साथ

कैसी ये लीला
मोबाइल पुकारे
लूले भी दौड़े

हाथ में जादू
अनपढ़ पढ़ते
मोबाइल को

नैन कैमरे
छीने मोबाइल ने
व स्मृति-शक्ति

गति थामती
पैन चलाती जाती
स्प्रिंग तार

दौड़ें वाहन
समय से भी तेज़
मनुष्य पंगु

दृष्टि धुँधली
चश्मे का व्यवधान
ही समाधान

ए.सी. के ठाठ
कूलर निष्कासित
तराजू बाट

कूलर बूढ़ा
कबाड़ी देख रहा
जैसे हो कूड़ा

कोला स्क्वैश ने
निगलीं चाय-लस्सी
डकार न ली

नया कवर
किताबों पर चढ़ा
धूल से बना

अल्मारी बैठी
धूल के घूँघट में
छुपी किताबें

पन्ना या पेड़
पढ़ना बचाएँ या
पर्यावरण

की नदी साफ़
उद्घाटन की पूजा
फूल सिलाए

वृक्ष बचाने
गाँव-कस्बे पहुँचे
कुल्हाड़ी धारे

फेंकते कूड़ा
संस्कारी कुछ घर
सड़क पर

साफ़ शहर
अभागा कूड़ेदान
गंदा कहाए

ठहरा पानी
स्वास्थ्य हुआ कंगाल
मच्छर राज

पूजा के पुष्प
भू दब ऊँचे उगे
पुनश्च सृष्टि

ध्वनि अतीव
बच्चे-बूढ़े पीड़ित
जीवघातक

# मानव मन

भर रही स्त्री
कीमती गहनों से
खाली मन को

मैं भी तो हूँ न?
क्या 'हम' में शामिल?
या बस तुम?

रिश्ते बदले
तूने जो हाथ छोड़ा
बर्फ से ठंडे

स्वप्न के शब्द
देख मेरी बेड़ियाँ
चुप हो गए

दो कप चाय
ताजगी भर जाए
सूखे प्रेम में

ठंडे देशों में
जमने लगती है
रिश्तों में बर्फ

नई लगती
नानी माँ की जुबानी
कथा पुरानी

कील ठोकती
दिल की दीवारों में
चुभती बातें

घमंडी सिक्के
सिर चढ़ बोले तो
टूटी गुल्लक

मीठी झंकृति
कुछ छिद्र हैं बंद
बंसी व स्मृति

मंदिर आए
भीड़ रूप धर के
बढ़ते पाप

टूटा, बिखरा
फिर उठ के जुड़ा
फौलादी मन

अति के कार्य
कौड़ी कमा बचाई
सिक्कों-सी छुट्टी

नथ है बड़ी
नाक में हथकड़ी
जान पे बनी

शान बढ़ाए
सोना दो तोले नथ
साँस न आए

वजनी नथ
घर की ऊँची नाक
नाक चीरती

चुप्पी बढ़िया
आँख-कान बेकार
सुने झुर्रियाँ

चश्मा कहता
अनुभव की बोली
जो छड़ी बोली

नींद का धन
कंगाल मालामाल
धनी फकीर

मुँह है सूखा
तर तो है बदन
आदमी भूखा

स्वप्न के जैसे
रोटी है चूर-चूर
ये मजदूर

बाध्य हो उठीं
सिकुड़ी अंतड़ियाँ
जूठन खाने

आँसू छिपें न
तानसेन सुनाओ
बादल राग

नीरव चक्की
बुझी चूल्हे की राख
सुलगी भूख

सर्दी ठिठुरी
ठठरी तन रंक
ऊष्मा का दान

फटे ये हाथ
कहाँ उड़ा सकेंगे?
फटी पतंग

चिथड़े ओढ़े
पतंग से बालक
क्या ही उड़ेंगे?

कटी पतंग
तारौं में उलझी
कोई न लूटे

# छोटू त्योहार

छोटू का भाग्य
चमकती गाड़ी की
करे सफाई

छोटू के पर्व
गेट पे खड़ा ताके
मॉलों के मेले

छोटू उदास
राखी बाँधने का दूँ
क्या छुटकी को?

पटाखे फूटे
छोटू दूर से देखे
ताली बजाए

छोटू की शर्ट
रंगीन पैबंद की
हो गई होली

ईद है आई
ज़कात में है मिली
कुछ बधाई

सुख का पेड़
गरीब के घर उगा
जैसे खजूर

# 5. ज्ञान विज्ञान

# इतिहास-भूगोल

दुनिया गोल
लगती क्यों चपटी?
बूझे भूगोल

दुनिया छोटी
दूर के हुए पास
ज्यों मानचित्र

देश-विदेश
कुछ न बचा भेद
मानचित्र पे

नक्शे की रेखा
भूमि को समझाए
सीमा में रहो

पानी बाँटता
देशों को आपस में
वही जोड़ता

भिन्न है नाम
हिमालय-सा बड़ा
युवा पहाड़

अतीत गाथा
इतिहास सुनाता
सिखाता आज

क्या-क्यों हुआ था?
छानबीन कराए
ये इतिहास

# अंक / ज्यामिति

जोड़ व घटा

जीवन के हिसाब

बड़ा-सा खाता

गणित जाने

कीमत है अलग

फेस या प्लेस

ज़ीरो कमाल

अंक का साथ दे तो

मूल्य बढ़ाए

एक बटे दो

तराजू बाँट ले के

समान बँटे

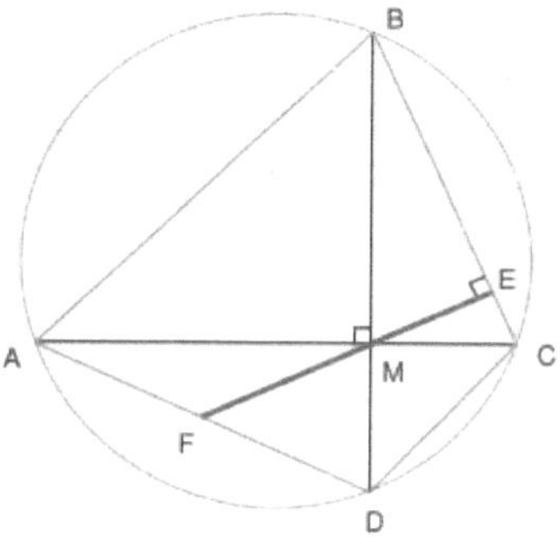


ओर न छोर
वृत्त की परिधि का
कहाँ आद्यांत?

बिंदु पे मिल
दो रेखा आतीं घर
कोण है पता

दूरी बना के
समांतर रेखाएँ
दो बिंदु दौड़े

कम से कम
एक आकृति चाहे
तीन रेखाएँ

भुज का मेला
त्रिभुज चतुर्भुज
बिंदु अकेला

# जैविक-जंतु

सूक्ष्म जीवों में
रचा पूरा संसार
राजा से प्रजा

डी.एन.ए. सूत्र
विरासत की पत्री
पीढ़ी से पीढ़ी

साँसों की लय
जीवन है संगीत
नाड़ी धड़की

हरे पत्तों में
प्रकाश संश्लेषण
पौधे भोजन

छोटी इकाई

कोशिका जीवन की

गूढ़ बहुत

हृदय कक्ष

अलिंद-दो-निलय

लाल-दो-नीले

पूँछ काट के

बंदर से मानव

बन न सका

विज्ञान पंख

धरा से नभ तक

उड़ान भरे

# ऊर्जा / प्रयोग

प्रयोगशाला
विचार को आकार
है आविष्कार

भाप ने बोला
ढक्कन मुँह खोला
शक्ति उगली

बोले यूरेका
समस्या का हल है
जिज्ञासु दृष्टि

हिसाब पक्का
जितना आयतन
है विस्थापन

नभ के तारे
खोल रहे रहस्य
भू वैज्ञानिक

तारों की भाषा
सुन सके ध्यान से
खगोलशास्त्री

सूक्ष्म कणों में,
छिपा सारा ब्रह्मांड
विज्ञान कहे

छुप क्यों जाते?
दिन में सब तारे
क्यों डर जाते?

उल्कापिंड हैं
धूमकेतु के मलबे
टूटते तारे

# हाइकुकार

## डॉ. आरती 'लोकेश' गोयल

| | | |
|---|---|---|
| **जन्मतिथि** | : | 1 जून |
| **जन्मस्थान** | : | गाज़ियाबाद, उत्तर प्रदेश |
| **माता-पिता** | : | श्रीमती शारदा रानी, श्री महेन्द्र कुमार गुप्ता |
| **शिक्षा** | : | बी.ए., बी.एड., एम.ए.(अंग्रेज़ी), एम.ए.(हिन्दी), पी.एच.डी.(हिन्दी) |
| **विशेष उपलब्धियाँ** | : | यू.ए.ई. सरकार द्वारा **'ऑथर' गोल्डन वीसा** (10 वर्ष के लिए, 2034 तक वैध)<br>अंगेज़ी स्नातकोत्तर में कॉलेज में **द्वितीय** स्थान,<br>हिन्दी स्नातकोत्तर में विश्वविद्यालय **स्वर्ण पदक** |
| **अभिरुचियाँ** | : | अध्ययन, अध्यापन, लेखन, संगीत, चित्र कला, भ्रमण |

**सम्प्रति :**

- अध्यक्ष, पाठ्यक्रम निर्माण (हैड ऑफ़ करिकुलम), वुडलेम पार्क स्कूल, दुबई, यू.ए.ई.

- एड्जंक्ट फैकल्टी, बनस्थली विद्यापीठ, राजस्थान
- संस्थापक अध्यक्ष, वागीश अंतरराष्ट्रीय संस्था, यू.ए.ई.
- मार्गदर्शिका, अनुशीलन समूह, यू.ए.ई. एवम् अथक चेष्टा ट्रस्ट यूनिवर्सल
- विदेश सचिव, निर्मला स्मृति साहित्यिक समिति
- सम्पादक 'अनन्य यू.ए.ई' भारतीय कौंसलावास न्यू यॉर्क, यू.एस.ए.
- संपादक, वैश्विक हिंदी संस्थान एवं श्री रामचरित भवन, ह्यूस्टन, यू.एस.ए.
- मार्गदर्शक, 'भोर' अंतरराष्ट्रीय पत्रिका
- संरक्षक व संपादक मंडल सदस्य, साहित्यिक ई-पत्रिका 'संचेतना के स्वर'
- क्षेत्रीय संपादक, इंडियन जर्नल ऑफ़ सोशल कंसर्न्स
- पूर्व उप-संपादक, सामयिक परिवेश, अंतर्राष्ट्रीय अध्याय
- प्रतिनिधि संवाददाता यूएई, प्रणाम पर्यटन
- निदेशक विश्वरंग यू.ए.ई. महोत्सव, टैगोर यूनिवर्सिटी
- अध्यक्ष, अंतरराष्ट्रीय हिंदी केंद्र, यू.ए.ई. शाखा, आर,एन.टी.यू.
- समन्वयक यूएई हिन्दी दिवस 2021, विश्व हिन्दी सचिवालय, मॉरीशस
- महासचिव, अंतरराष्ट्रीय काव्य प्रेमी मंच यू.ए.ई. शाखा
- सहयोगी, पत्रिका 'साहित्य का विश्वरंग', नीदरलैंड
- एन.एल.पी. आधारित प्रशिक्षण संस्था 'ओनली सक्सैस' की प्रमाणित प्रशिक्षिका, लाइसैंस नं. OS7Z-0055

**प्रकाशित पुस्तकें :**

1. उपन्यास: 'रोशनी का पहरा'(2015), द्वितीय संस्करण (2022)
2. उपन्यास: 'कारागार'(2018), द्वितीय संस्करण (2022)
3. उपन्यास: 'निर्जल सरसिज' (2022)
4. उपन्यास: 'ऋतम्भरा के सौ द्वीप' (2022)
5. काव्य-संग्रह: काव्य-रश्मि (2018)
6. काव्य-संग्रह: 'छोड़ चले कदमों के निशाँ' (2020)
7. काव्य-संग्रह: 'प्रीत बसेरा'' (2020)
8. काव्य-संग्रह: षड्गंधा (2023)
9. शोध ग्रंथ:- 'रघुवीर सहाय के गद्य में सामाजिक चेतना' (2017)
10. यात्रा वृत्तांत संग्रह: 'झरोखे' (2019)
11. यात्रा वृत्तांत संग्रह: 'सात समुंदर पार' (2024)
12. लघुकथा-संग्रह: 'दूर्वादल' (2023)
13. कथा संग्रह: 'साँच की आँच' (2021)
14. कथा संग्रह: 'कुहासे के तुहिन' (2022)
15. कथा संग्रह: ''फ़िबोनाची वितान' (2024)
16. कथेतर गद्य: 'कथ्य-अकथ्य' (2022)

17. कथेतर गद्य: 'अश्रुत श्रव्य' (2023)
18. कथेतर गद्य: 'स्याह धवल' (2025)
19. 'होनहार बिरवान': यू.ए.ई. के बालकवियों की हिंदी कविताओं का संग्रह (2021)
20. 'डॉ. अशोक कुमार मंगलेश : काव्य एवं साहित्य चिंतन' (2022)
21. 'सोच- हिन्दी इमाराती चश्मे से': यू.ए.ई. के प्रवासी भारतीय रचनाकारों का पद्य-गद्य संकलन (2021)
22. 'अनन्य कृति यू.ए.ई.': यू.ए.ई. के रचनाकारों की रचनाओं का संकलन व संपादन, जुलाई 2023
23. 'यू.ए.ई. की चयनित रचनाएँ' – स्वर्ण सचान काव्यजग (यू.ए.ई. के कविताओं का संकलन-संपादन 2023, टैगोर विश्वविद्यालय, भोपाल से प्रकाशित)
24. 'अनन्य संचय यू.ए.ई.': यू.ए.ई. के 51 रचनाकारों की 100 रचनाओं का संकलन व संपादन, जुलाई 2024
25. 'वागीश वैश्विक लघुकथाएँ': देश-विदेश की चयनित 155 लघुकथाएँ -संकलन, संपादन व प्रकाशन, दिसम्बर 2024

**सम्पादित :**

1. 'अनन्य यू.ए.ई.' अगस्त 2022 अंक
2. 'अनन्य यू.ए.ई.' सितम्बर 2022 अंक
3. 'अनन्य यू.ए.ई.' अक्तूबर 2022 अंक
4. 'अनन्य यू.ए.ई.' नवम्बर-दिसम्बर 2022 अंक
5. 'अनन्य यू.ए.ई.' जनवरी-फरवरी 2023 अंक
6. 'अनन्य यू.ए.ई.' मार्च-अप्रैल 2023 अंक – लघुकथा विशेषांक
7. 'अनन्य यू.ए.ई.' मई-जून 2023 अंक – कथेतर गद्य विशेषांक
8. 'अनन्य यू.ए.ई.' जुलाई-अगस्त 2023 अंक
9. 'सामयिक परिवेश' अप्रवासी भारतीय विशेषांक मार्च 2021
10. 'अनन्य विश्व' सितम्बर-अक्तूबर 2024 अंक

**सह-सम्पादित :**

1. 'राम काव्य पीयूष' काव्य-संग्रह (श्री राम चरित भवन, ह्यूस्टन, यू.एस.ए.)
2. 'कृष्ण काव्य पीयूष' काव्य-संग्रह (श्री राम चरित भवन, ह्यूस्टन, यू.एस.ए.)
3. 'सोच- हिन्दी इमाराती चश्मे से' (डीकॉम डिज़ाइन कम्पनी, दुबई, यू.ए.ई.)
4. 'सामयिक परिवेश' अप्रवासी भारतीय विशेषांक मार्च 2021
5. 'इंडियन जर्नल ऑफ़ सोशल कंसर्न्स', रिसर्च जर्नल ऑफ़ ह्यूमैनिटीज़ एंड सोशल साइंसिज अंक 44 से अब तक
6. 'भारत काव्य पीयूष' काव्य-संग्रह (श्री राम चरित भवन, ह्यूस्टन, यू.एस.ए )
7. 'वैश्विक लघुकथा पीयूष' (वैश्विक हिंदी संस्थान, ह्यूस्टन, यू.एस.ए.) 2024

**सम्मान एवं पुरस्कार :**

1. 'आप्रवासी हिंदी साहित्य सृजन सम्मान' व 2000 डॉलर की राशि महात्मा गाँधी संस्थान, मोका मॉरीशस, भारत व मॉरीशस सरकार द्वारा संयुक्त, 8 मार्च 2023
2. 'प्रवासी महाकवि प्रो. हरिशंकर 'आदेश' स्मृति साहित्य सम्मान' (निर्मला स्मृति साहित्यिक संस्था द्वारा) 5 सितम्बर 2022
3. 'काव्य विभूषण' सम्मान (वैश्विक हिंदी संस्थान, ह्यूस्टन, यू.एस.ए. द्वारा) 10 जनवरी 2023
4. कथा-दर्पण साहित्यिक संस्था द्वारा 'लघुकथा विभूषण' सम्मान-पत्र, 14 जनवरी 2024
5. 'अक्षरवार्ता अंतरराष्ट्रीय शोध साहित्य उत्कृष्ट अवार्ड 2023' (कृष्णबसंती शैक्षणिक एवं सामाजिक जनकल्याण समिति, उज्जैन, मध्य प्रदेश) 10 अगस्त 2023
6. 'छत्तीसगढ़ मित्र अंतरराष्ट्रीय हिंदी सम्मान' (छत्तीसगढ़ मित्र, शोध प्रकल्प, राष्ट्रीय हिंदी अकादमी, मणिबेन नानावटी महिला महाविद्यालय, मुंबई) 14 सितम्बर 2023
7. 'आचार्य श्री सम्मान' (रेडियो मेरी आवाज़ द्वारा ग्लोबल अवार्ड), 8 अक्तूबर 2023
8. 'श्री रघुवीर सहाय सक्सेना स्मृति सम्मान' ('कलम प्रिया लेखिका साहित्य संस्थान' जयपुर द्वारा 'स्मृति सम्मान योजना') उपन्यास 'निर्जल सरसिज' को व राशि ₹ 2100/-, 14 अक्तूबर 2023
9. 'स्व. रामेंद्र तिवारी सम्मान' (कादम्बरी, संस्कारधानी अंतरराष्ट्रीय सांस्कृतिक एवं सामाजिक संस्था, जबलपुर) तथा ₹ 5000/- की राशि समग्र लेखन के लिए, 4 नवम्बर 2023
10. 'रंग राची सम्मान' (शब्द शक्ति साहित्यिक संस्था द्वारा) 30 अक्तूबर 2022
11. 'शिक्षा रत्न' सम्मान (रेडियो मेरी आवाज़) 12 अक्तूबर 2022
12. 'हिंदी शिक्षक सम्मान' ('हिंदुस्तानी भाषा भारती' अकादमी, दिल्ली द्वारा अंगवस्त्र एवं सम्मान-समारोह दुबई), 2 दिसम्बर 2018
13. 'शब्द शिल्पी भूषण सम्मान' (इंस्टीट्यूट ऑफ़ मैनेजमेंट एंड टैक्नोलोजी, उत्तर प्रदेश भाषा संस्थान लखनऊ, इंडियन जरनल ऑफ़ सोशल कंसर्न्स द्वारा प्रदत्त) 13 अगस्त 2022
14. 'प्रज्ञा सम्मान' (प्रज्ञा साहित्यिक मंच रोहतक द्वारा प्रदत्त) 23 अगस्त 2022
15. 'निर्मला स्मृति हिन्दी साहित्य रत्न सम्मान' (निर्मला स्मृति साहित्यिक संस्था द्वारा) 25 सितम्बर 2021
16. 'प्रवासी भारतीय समरस श्री साहित्य सम्मान' (समरस संस्थान अंतर्राष्ट्रीय साहित्य सृजन द्वारा) 11 मार्च 2021
17. 'शब्द निष्ठा सम्मान' आचार्य रत्न लाल विद्यानुग स्मृति अखिल भारतीय संस्थान 9 अप्रैल 2022
18. 'शब्द निष्ठा सम्मान' आचार्य रत्न लाल विद्यानुग स्मृति अखिल भारतीय संस्थान 18 जुलाई 2023
19. 'भारत माता अभिनंदन सम्मान' भारत माता अभिनंदन संगठन, भिवानी, हरियाणा द्वारा 2 अगस्त 2023
20. 'हिंदी सेवी सम्मान' कलम की सुगंध विज्ञात प्रकाशन द्वारा, 14 सितम्बर 2023
21. 'काव्य महारथी सम्मान' सामयिक परिवेश अंतरराष्ट्रीय संगठन द्वारा सामयिक परिवेश

अंतरराष्ट्रीय पत्रिका में योगदान के लिए, 2 नवम्बर 2022

22. 'नारी शक्ति सम्मान' द्वारा शुभ संकल्प समूह, 6 मार्च 2024

23. विश्व हिंदी सचिवालय मॉरीशस में विश्वरंग 2024 के त्रिदिवसीय आयोजन में दूसरे दिन 'अभिमन्यु अनत कक्ष' में दुशाला, पुष्प व स्मृति चिह्न भेंट प्राप्त व सम्मान पत्र, 8 अगस्त 2024

24. विश्व हिंदी सचिवालय मॉरीशस में विश्वरंग 2024 के त्रिदिवसीय आयोजन में तीसरे दिन मुख्य सभागार में मॉरीशस के पर्यटन विभाग द्वारा स्मृति चिह्न भेंट प्राप्त, 9 अगस्त 2024

25. निर्दलीय संस्था के 51वें साहित्योत्सव में 'अंतरराष्ट्रीय साहित्य सम्मान' 7 जुलाई 2024

26. हिंदी की गूँज टोक्यो जापान द्वारा 'हिंदी साहित्य रत्न' सम्मान, 14 सितम्बर 2024

27. निर्मला स्मृति साहित्यिक समिति द्वारा वाषिक महोत्सव कुरुक्षेत्र की महान ऐतिहासिक-धार्मिक पावन धरती पर 'प्रेरणा वृद्ध आश्रम' में 'निर्मला अंतरराष्ट्रीय हिंदी साहित्य सेवी सम्मान', 29 सितम्बर 2024

28. वैश्विक हिंदी संगठन नीदरलैंड्स तथा आचार्यकुल भारत के संयुक्त तत्त्वावधान में 'अंतरराष्ट्रीय वेद, साहित्य और संस्कृति सम्मेलन' में 'प्रो. सर्वपल्ली राधाकृष्णन सम्मान', 27 दिसम्बर 2024

29. काव्य-संग्रह 'षड्गंधा' को जयपुर साहित्य संगीति विशेष ज्यूरी सम्मान से अलंकृत, 3 नवम्बर 2024, सम्मान समारोह, 12 जनवरी 2025

30. काव्य-संग्रह 'षड्गंधा' को 'डॉ. संजीव कुमार काव्य रत्न' सम्मान, ₹ 11000/-, अंतरराष्ट्रीय विश्व मैत्री मंच द्वारा, 16 फरवरी 2025

31. 'वैश्विक हिंदी साहित्य सम्मान' प्रांति इंडिया द्वारा तथा उपन्यास 'रोशनी का पहरा' को चाँदी का सिक्का, वाराणसी, 10 जनवरी 2025

32. सहकार महर्षि तात्यासाहब कोरे हिंदी सेवी सम्मान' 2025, यशवंत चव्हाण वारणा विश्वविद्यालय, शिवाजी विश्वविद्यालय कोल्हापुर, 10 जनवरी 2025

33. अबु धाबी यूनिवर्सिटी दुबई द्वारा हिंदी के प्रचार-प्रसार व योगदान के लिए सम्मानित, 10 जनवरी 2025

34. साहित्य संचय शोध संवाद फाउंडेशन द्वारा दो दिवसीय सेमिनार में 'साहित्य संचय गौरव सम्मान', 11 जनवरी 2025

35. हिंदी के साथ जापानी भाषा में 'अति विशिष्ट महिला सम्मान' जापान की अग्रणी पत्रिका 'हिंदी की गूँज' द्वारा, 8 मार्च 2025

36. 'द न्यू भारत' द्वारा 'महादेवी वर्मा अंतरराष्ट्रीय साहित्य सम्मान 2024-25' विश्व कविता दिवस पर, 21 मार्च 2025

37. 'रूट्स टू हिंदी शिकागो, यू.एस.ए.' द्वारा 'रूट्स की बातें' आत्मीय वार्ता के लिए सम्मान-पत्र, 17 मई 2025

38. 'वूमैन'स प्रेस क्लब' तथा 'शुभ संकल्प' समूह, इंदौर द्वारा डॉ. सुनीता श्रीवास्तव दीदी के सौजन्य से बालकों की शिक्षा पर विचार रखने हेतु प्रमाण-पत्र, 16 जुलाई 2025

39. बाल प्रहरी तथा बाल साहित्य संस्थान, अल्मोड़ा, उत्तराखंड द्वारा 'विश्व मैत्री दिवस के अवसर पर सम्मान-पत्र, 3 अगस्त 2025

40. 'शुभ संकल्प एवं हुनर फ़ोक्स एकेडेमी' द्वारा सम्मानित 16 मार्च 2023
41. 'सर्वश्रेष्ठ सम्पादकीय योगदान सम्मान' श्री राम चरित भवन ह्यूस्टन, यू.एस.ए. 3 अक्तूबर 2022
42. भारतीय दूतावास, आबुधाबी द्वारा प्रशस्ति पत्र, 10 जनवरी 2023
43. भारतीय कौंसलावास दुबई द्वारा प्रशस्ति पत्र (3), 10 जनवरी 2022, 7 फरवरी 2022, 15 जनवरी 2023
44. भारतीय दूतावास आयरलैंड द्वारा शुभकामना पत्र, 30 September 2022
45. हिंदी परिषद नीदरलैंड्स एवं अंतरराष्ट्रीय हिंदी संगठन नीदरलैंड्स द्वारा हिंदी भाषा के प्रचार-प्रसार में योगदान हेतु प्रशस्ति-पत्र, 28 मई 2024
46. वर्ल्ड बुक ऑफ़ रिकॉर्ड्स लंडन द्वारा प्रशस्ति पत्र, 21 October 2021
47. भारत उत्थान न्यास कानपुर द्वारा प्रशस्ति-पत्र, 9 जून 2024
48. 'ग्लोबल भारत फेस्टिवल' दुबई 2024 द्वारा प्रशस्ति-पत्र, 18 मई 2024
49. विश्व हिंदी संगठन, नई दिल्ली द्वारा मुख्य अतिथि व्याख्यान देने के लिए प्रशस्ति-पत्र, 30 अप्रैल 2024
50. निर्मला स्मृति साहित्यिक समिति द्वारा वार्षिक महोत्सव का कुरुक्षेत्र की महान ऐतिहासिक-धार्मिक पावन धरती पर अवस्थित 'प्रेरणा वृद्ध आश्रम' में मुख्य अतिथि का कर्त्तव्य निर्वहन, 29 सितम्बर 2024
51. यू.ए.ई. के 'समुदाय विकास मंत्रालय' की ओर से 'सीनियर सिटिज़न हैप्पीनेस सेंटर' अजमान में 4 अक्तूबर को आयोजित 'अंतरराष्ट्रीय वयोवृद्ध व्यक्ति दिवस' के अवसर पर विशेष प्रतिभागिता प्रमाण-पत्र
52. दुबई सरकार द्वारा विश्वस्तरीय महायोजन 'एक्सपो 2020' में भारतीय मंडप की संस्कृति प्रतिस्पर्धा में प्रथम स्थान पर भारतीय मंडप द्वारा प्रणाम-पत्र, 26 जनवरी 2022
53. विश्व हिंदी सचिवालय तथा टैगोर अंतर्राष्ट्रीय साहित्य एवं कला महोत्सव 'विश्वरंग' 2024 मॉरीशस में प्रशस्ति-पत्र, 9 अगस्त 2024
54. 'भारत उत्सव' 2024 दुबई यू.ए.ई. द्वारा 78वें स्वतंत्रतता दिवस पर आयोजित समारोह के लिए प्रशस्ति-पत्र, 16 अगस्त 2024
55. अंतर्राष्ट्रीय काव्य प्रेमी मंच द्वारा प्रशस्ति-पत्र, 30 अक्तूबर 2021
56. वैश्विक हिंदी संस्थान ह्यूस्टन, यू.एस.ए. द्वारा प्रशस्ति-पत्र, 2-3 अक्तूबर 2021
57. रेडियो 'मेरी आवाज़' ओमान व यू.एस.ए. द्वारा 101 प्रभावशाली महिलाओं की सूची में स्थान व प्रशस्ति-पत्र, 8 मार्च 2022
58. 'शैक्षिक आगाज' तथा 'लिटिल हैल्प ट्रस्ट' द्वारा नारी-सशक्तिकरण में योगदान के लिए प्रशस्ति-पत्र, 8 मार्च 2022
59. 'नवचेतना' अंतर्राष्ट्रीय समूह दोहा, कतर द्वारा सम्मान-पत्र, 3 सितम्बर 2022
60. बालसाहित्य संस्थान, अल्मोड़ा, उत्तराखंड द्वारा 'विश्व मैत्री दिवस' पर सम्मान-पत्र, 30 जुलाई 2023
61. 'पाती अपनों की मुहिम' सम्मान पत्र, द्वारा पाती अपनों की मुहिम, 5 सितंबर 2024

62. श्री राम चरित भवन ह्यूस्टन यू.एस.ए. द्वारा पाँच वर्षों में योगदान के लिए प्रशस्ति-पत्र, 1 अप्रैल 2025
63. 'शेयर योर ह्यूमैनिटी वैश्विक मंच' कतर द्वारा प्रशस्ति-पत्र, 10 नवम्बर 2022
64. अंतर्राष्ट्रीय महिला दिवस' पर शुभ संकल्प द्वारा राष्ट्रीय अवार्ड से सम्मानित 16 मार्च 2023
65. नववर्ष के अवसर पर बाल प्रहरी संस्था के निमंत्रण पर विशिष्ट अतिथि की भूमिका निभाने पर सम्मान-पत्र, 1 जनवरी 2023
66. 'नारी शक्ति सम्मान', शुभ संकल्प समूह द्वारा, 6 मार्च 2024
67. 'उभरती लेखिका' हिन्दी साहित्य में योगदान के लिए दिल्ली प्राइवेट स्कूल, शारजाह द्वारा प्रदत्त पुरस्कार, 5 सितम्बर 2018
68. उपन्यास 'कारागार' को मॉरीशस पुरस्कार 8 मार्च 2023
69. कहानी-संग्रह 'साँच की आँच' को शब्द निष्ठा पुरस्कार 2023
70. कविता 'माँ तुम मम मोचन' तथा 'तुम बिन जाऊँ कहाँ' साहित्यपीडिया द्वारा पुरस्कृत
71. कविता 'राधा का ध्यान योग' लड्डू गोपाल गोधाम द्वारा पुरस्कृत
72. कहानी 'फ़िबोनाची प्रेम' को शब्द निष्ठा सम्मान प्राप्त व नकद पुरस्कार
73. कहानी 'गजदंत' को कथा समवेत द्वारा 'माँ धनपती देवी स्मृति कथा साहित्य सम्मान 20 दिसम्बर, 2023
74. किस्सागंज भाग-2, किताबगंज प्रकाशन, में 'ऊसरी पुष्पलताएँ' को सर्वश्रेष्ठ कहानी पुरस्कार व एकल काव्य-संग्रह के उपहार की घोषणा, 2 सितम्बर 2024
75. कहानी 'प्रत्यावर्तन' को वामा साहित्य मंच द्वारा 2023 के पूर्वार्द्ध में आयोजित 'डॉ. प्रेम कुमारी नाहटा कहानी प्रतियोगिता' सम्मान व 2000 रुपए का पुरस्कार, सूचना 6 दिसम्बर 2023, पुरस्कार समारोह 11 फरवरी 2024
76. कहानी 'श्याम वर्ण के दर्पण' को 'बिंज हिंदी' द्वारा नेशंल राइटिंग कॉम्पीटिशन में 500 कहानियों में से 26 के अंतर्गत चयनित एवं पुरस्कृत, 4 जुलाई 2022
77. कहानी 'संथारा उत्सव' साहित्यपीडिया द्वारा पुरस्कृत, 30 नवम्बर 2021
78. बालकथा 'इल्ली और प्यूपा' नवचेतना अंतर्राष्ट्रीय पत्रिका दोहा, कतर द्वारा पुरस्कृत, 14 नवम्बर 2022
79. 'चाय पर चर्चा' में 'विद्यार्थियों में कला शिक्षण की प्रासंगिकता' वार्ता एक्ट यूनिवर्सल ट्रस्ट द्वारा पुरस्कृत, 20 नवम्बर 2022
80. कथा-दर्पण साहित्यिक संस्था द्वारा आयोजित लघुकथा प्रतियोगिता में 'सर्वे परिणाम' को प्रोत्साहन के साथ सम्मान-पत्र, अक्तूबर 2023
81. 'प्रणाम पर्यटन' तथा 'साहित्य गुंजन' पत्रिका के मुख्य-आवरण पर चित्र प्रकाशित
82. 'साहित्य अर्पण' दुबई संस्था द्वारा प्रशस्ति पत्र
83. उत्तर प्रदेश भाषा संस्थान लखनऊ, इंडियन जरनल ऑफ़ सोशल कंसर्न्स से अंतर्राष्ट्रीय शोध-संगोष्ठी प्रमाण-पत्र
84. 'स्वतंत्रता के अमृत महोत्सव' पर काव्य चयन और वैश्विक हिंदी संस्थान द्वारा प्रशस्ति-पत्र
85. शुभ संकल्प द्वारा 'महिला दिवस' पर सम्मान

86. 'माँ हिंदी परिवार' की ओर से डॉ. पंकज साहिल द्वारा सम्मान-पत्र, 3 जनवरी 2024
87. 'हिंदी साहित्य कवि मंच' द्वारा 'साहित्य धारा' उत्कृष्ट पाठ हेतु सम्मान पत्र, 25 अगस्त 2024
88. 'शेख खलीफ़ा अवार्ड' में विद्यालय को योगदान पर प्रशस्ति पत्र
89. 'परम्परा 2011' में उत्कृष्ट कार्य पर विद्यालय द्वारा प्रशस्ति पत्र
90. 'परम्परा 2012' में उत्कृष्ट कार्य पर विद्यालय द्वारा प्रशस्ति पत्र
91. 'पर्यावरण संरक्षण' विश्व स्तर में योगदान पर दुबई सरकार से 2013 में प्रशस्ति पत्र
92. कम्यूनिटी डेवेलपमेंट मंत्रालय, अजमान द्वारा 'अंतरराष्ट्रीय वरिष्ठ नागरिक दिवस' पर हैप्पीनैस सेंटर, अजमान में विशिष्ट योगदान के लिए प्रशस्ति-पत्र, 4 अक्तूबर, 2013
93. 'स्वच्छता अभियान' 2011 में सहयोग के लिए एमिरेट्स एनवायर्नमेंट ग्रुप द्वारा प्रशस्ति पत्र
94. 'पिंक वाकेथोन' ब्रेस्ट कैंसर अवेयरनैस कार्यक्रम 2011 के लिए प्रमाण पत्र
95. यू.ए.ई. के मित्रों द्वारा सम्मान समारोह, गोल्डन वीसा मिलने के उपलक्ष्य में, 21 सितम्बर 2024

**विशिष्ट (लेखन पर शोध, समीक्षा एवं अनुवाद) :**

1. डॉ. आरती की कहानियों पर कीव यूक्रेन में 2023 में शोध कार्य सम्पन्न
2. कहानी-संग्रहों पर पंजाब की गुरु काशी यूनिवर्सिटी में 2023 में शोध पूर्ण
3. कथा साहित्य पर हरियाणा की बाबा मस्तनाथ यूनिवर्सिटी में 2024 में शोध उपाधि शोधार्थी ऋतु देवी धुलान को प्राप्त
4. मॉरीशस में शोध प्रारंभ, ओडिशा, हैदराबाद, उत्तर प्रदेश, राजस्थान, केरल, दिल्ली के विश्वविद्यालयों में शोधकार्य जारी
5. पुस्तक 'डॉ. आरती 'लोकेश' की साहित्य सुरभि', संपादक डॉ. पूनम अहलावत डॉ. उर्मिला देवी चौधरी द्वारा 2022 में प्रकाशित
6. कहानी 'मोह का ताना-बाना' का पंजाबी भाषा में अनुवाद एवं श्री तेजिंदर चंडिहोक जी की पुस्तक 'रिश्तियाँ दे धरातल' में शामिल
7. अनुवादित साहित्य की एकमात्र बांग्ला पत्रिका 'अनुवाद पत्रिका' में कहानी 'लॉकेट' का बांग्ला अनुवाद सुश्री बेबी कारफोरमा द्वारा प्रकाशित
8. 'साँच की आँच', 'उफ़नता लावा', 'रविवार की वह शाम', 'चीरफाड़ वाली डॉक्टरनी' तथा 'फ़िबोनाची प्रेम' का यूक्रेनी शोध छात्रा दरीना द्वारा यूक्रेनी भाषा में अनुवाद
9. उपन्यास 'कारागार' का अंग्रेज़ी व थाई भाषा में अनुवाद जारी, 'रोशनी का पहरा' का मलयालम में अनुवाद जारी
10. डॉ. दीपा रस्तोगी, डॉ. उर्मिला चौधरी, डॉ. प्रदीप श्रीवास्तव, डॉ. मनोज प्रीत, श्रीमान प्रेम विज, कौसर भुट्टो, डॉ. अरुण कुमार निषाद, श्री मुकेश दुबे, श्रीमती मीरा ठाकुर द्वारा की गई पुस्तक-समीक्षाएँ 'गर्भनाल', 'सामयिक परिवेश', 'अनन्य यू.ए.ई.', 'प्रणाम पर्यटन', 'समीक्षा के पल', 'दैनिक उत्तम हिंदू', 'सेतु', 'हस्ताक्षर', 'दस्तक दर्पण', 'जरनल ऑफ़ एडवांस एंड फ़्यूचर रिसर्च' में प्रकाशित

**साझा-संग्रह :**

1. 'सीप में समुद्र' लघुकथा संग्रह (अयन प्रकाशन)
2. 'राम काव्य पीयूष' काव्य-संग्रह (श्री राम चरित भवन)
3. 'कृष्ण काव्य पीयूष' काव्य-संग्रह (श्री राम चरित भवन)
4. 'रामायण के मोती' आलेख-संग्रह (श्री राम चरित भवन)
5. 'माँ' काव्य-संग्रह (साहित्यपीडिया पब्लिशिंग)
6. 'कोरोना' काव्य-संग्रह (साहित्यपीडिया पब्लिशिंग)
7. '21 श्रेष्ठ युवामन की कहानियाँ' कहानी-संग्रह (डायमंड बुक्स)
8. 'मेरे पापा' काव्य-संग्रह (पांखुरी प्रकाशन)
9. 'राम हाइकु पीयूष' (श्री राम चरित भवन, ह्यूस्टन)
10. 'भारत काव्य पीयूष' काव्य-संग्रह (वैश्विक हिंदी संस्थान, ह्यूस्टन, यू.एस.ए.)
11. 'कथारंग' सृजन वार्षिकी (गायत्री प्रकाशन) 2021
12. 'कवियों पर कविता' संग्रह तंज़ानिया से प्रकाशित (डॉ. ममता सैनी के संपादन में)
13. 'रिश्ता' लघुकथा संग्रह (डॉ. दिनेशमणि त्रिपाठी द्वारा संपादित)
14. 'विवशता' कहानी संग्रह (डॉ. प्रवेशकारी द्वारा संपादित)
15. 'कथाकार' कहानी-संग्रह (नोशनप्रेस द्वारा प्रकाशित)
16. कथारंग 2022 : देश-देशांतर की कहनियाँ और विमर्श में 'फ़िबोनाची प्रेम' कहानी पर विमर्श (हंस प्रकाशन)
17. 'बिटिया की पाती बाबुल को' पत्र-संकलन, डॉ. सूरज सिंह नेगी के संपादन में
18. 'डाकिए को पत्र' पत्र-संकलन, डॉ. सूरज सिंह नेगी के संपादन में
19. 'लिख दूँ पाती यादों के गलियारे से' पत्र-संकलन, डॉ. सूरज सिंह नेगी के संपादन में
20. 'कथारंग' आज़ादी के अमृत-काल को सहेजे साहित्य-वार्षिकी (गायत्री प्रकाशन) 2022-23
21. 'साहित्य स्वर' भारत-दुबई साझा संकलन (शुभ-संकल्प प्रकाशन)
22. पंचम अंतरराष्ट्रीय रामायण अधिवेशन में शोध-पत्र सम्मिलित (श्री राम चरित भवन, ह्यूस्टन)
23. 'दुबई में हिंदी' डॉ. जे.के. डागर व डॉ. सुधीर शर्मा द्वारा संपादित पुस्तक में 3 कविताएँ
24. 'शब्द की हाँडी में संवेदनाएँ' स्नेह गोस्वामी द्वारा संपादित पत्र शैली की लघुकथा में 'गोधूलि की बेला'
25. 'आओ सुनो कहानी' निवेदिता चक्रवर्ती के संपादन में युगानुगूँज द्वारा प्रकाशित 2 बाल-कथाएँ 'पक्का रंग' व 'भूखा बस्ता' जनवरी 2024
26. 'विश्व में हिंदी' टैगोर विश्वविद्यालय भोपाल, डॉ. जवाहर कर्णावट द्वारा संपादित, 'श्येन परों पर ठहरी हिंदी' 2023
27. 'धारा के विरुद्ध' बलजीत भारती द्वारा संपादित लघुकथा-संग्रह में 5 लघुकथाएँ
28. 'इंद्रधनुष के सप्त रंग' बलजीत भारती द्वारा संपादित कविता-संग्रह में 10 कविताएँ
29. 'दरख़्त-ए-ज़र्द', ऋतु शर्मा नंनन पांडे द्वारा संपादित में 5 कविताएँ

30. ‘21वीं सदी के 2121 कवि’ राजभाषा पर कविता-संग्रह (कलम की सुगंध), संपादक संजय कौशिक
31. ‘मन का मनका फेरते’ अयन प्रकाशन में 10 दोहे, संपादक डॉ. इंदु गुप्ता
32. ‘माई को पत्र’ पत्र-संकलन, डॉ. सूरज सिंह नेगी के संपादन में
33. ‘प्रवासी हिंदी गूँज उठी’ में भारत पर कविता, संपादन- रमा पूर्णिमा शर्मा, कविता ‘प्रवासी भारतीय सुन जाना तुम!’
34. ‘इंद्रधनुष के रंग’ श्रेष्ठ कहानीकारों की श्रेष्ठ कहानियाँ – शशि पुरवार के संपादन में ‘फ़िबोनाची प्रेम’
35. ‘वैश्विक लघुकथा पीयूष’ 201 लघुकथा-संग्रह (वैश्विक हिंदी संस्थान, ह्यूस्टन, यू.एस.ए.) में 8 लघुकथाएँ
36. ‘दुबई काव्य संध्या’ संपादक डॉ. रेखा कुमारी, साहित्य संचय प्रकाशन, 5 कविताएँ
37. ‘मुट्ठी में जुगनू’ स्वयंयुग पब्लिकेशन, मेघा राठी के संपादन में लघुकथा ‘सर्वश्रेष्ठ से श्रेष्ठ’
38. ‘थे मजा करो महाराज’ शिवना प्रकाशन में ‘क्रांतियुक्त कांतिमान लावा की धारा -अभी अँधेरा है’ आलेख
39. ‘प्रवासी अमृतांजलि’ में कविताएँ, संपादन- डॉ. दुर्गा सिन्हा ‘उदार’ व चित्रा गुप्ता
40. ‘वैश्विक हिंदी-लघुकथाएँ’ प्रवासी लघुकथाकार संकलन डॉ. रामनिवास मानव द्वारा संपादित में 5 लघुकथाएँ
41. ‘प्रेम कलश’ दिव्यांग विमर्श पर एस.जी.एस. सिसोदिया के संपादन में, 3 लघुकथाएँ
42. किस्सागंज भाग-2, किताबगंज प्रकाशन, मुकेश दुबे द्वारा संपादित में ‘ऊसरी पुष्पलताएँ’ 2024
43. ‘प्रवासी हाइकु कोश’ (डॉ. जगदीश व्योम) में 20 हाइकु
44. ‘ज़िंदगी के भाव रचनाकार’ बलजीत भारती द्वारा सम्पादित कहानी-संग्रह में- ‘लॉकेट’
45. ‘यादों के झरोखों से’ बलजीत भारती द्वारा संपादित संस्मरण-संग्रह में- ‘दुर्घटना की दुआ’
46. ‘21वीं सदी की 21 श्रेष्ठ कहानियाँ’ बलजीत भारती द्वारा सम्पादित कहानी-संग्रह में- ‘नुक्ताचीनी’
47. ‘समीक्षा के दर्पण में’, यू.ए.ई. की प्रवासी काव्य कृतियों की समीक्षाओं में, डॉ. संजय अनंत की समीक्षात्मक कृति, सितम्बर 2025, ‘छोड़ चले कदमों के निशाँ’, ‘प्रीत बसेरा’ और ‘षड्गंधा’ की समीक्षा
48. ‘कुछ कहानियाँ परदेस से’ श्रेष्ठ प्रवासी महिला साहित्यकार की कहानियाँ, आचार्य राजेश कुमार के संपादन में, कहानी ‘प्रवासी लेखिका का फेंगशुई’
49. ‘प्रवास मेरा नया जन्म’, डॉ. रामा तक्षक द्वारा संपादित, ‘दुबई क्रीक पर सुनहरी जीवन लहरें’ नामक संस्मरण
50. ‘प्रवासी कथामृत’, डॉ. विमला व्यास जी द्वारा संपादित पुस्तक में कहानी ‘श्याम वर्ण के दर्पण’

**मुख्य गतिविधियाँ :**

1. 250 से अधिक रचनाएँ पत्र-पत्रिकाओं में प्रकाशित
2. 50 से अधिक साझा-संग्रहों में उपस्थिति
3. 30 से अधिक विदेशी पत्रिकाओं में योगदान
4. 50 से अधिक कार्यक्रमों में वक्ता
5. 40 से अधिक कार्यक्रमों में अध्यक्षता / मुख्य अतिथि / विशिष्ट अतिथि की भूमिका
6. 10 शोध-पत्रों व प्रपत्रों का लेखन व वाचन
7. 30 देशों की यात्रा
8. 35 विभिन्न कार्यक्रमों का आयोजन
9. 25 विभिन्न कार्यक्रमों में मंच संचालन
10. 75 से अधिक विभिन्न मंचों पर कविता पाठ
11. 25 अंतर्राष्ट्रीय मंचों पर कहानी/गद्य पाठ
12. 20 प्रसिद्ध महानुभावों द्वारा साक्षात्कार
13. 15 कार्यक्रमों में शोध-पत्र/समीक्षा वाचन
14. 10 से अधिक पुस्तकों की प्रूफ़ रीडिंग

**लेखक पेज** : https://www.amazon.com/author/drartilokesh
https://notionpress.com/author/314504
**कविता कोश** : Kavitakosh.org/kk/आरती_'लोकेश'
51 से अधिक कविताओं को कविता कोश में स्थान
**फेसबुक** : https://www.facebook.com/arti.goel.lokesh
**संपर्क** : arti.goel@hotmail.com; arti.gcel1@gmail.com
**वर्तमान** : Dubai. U.A.E.
**स्थायी पता** : यमुना विहार, दिल्ली 110053

www.ingramcontent.com/pod-product-compliance
Lightning Source LLC
LaVergne TN
LVHW090417210926
848480LV00002B/595
* 9 7 9 8 9 0 3 6 2 9 6 8 8 *